National Economics Foundation
北京当代经济学基金会

当代经济学创新丛书
［全国优秀博士论文］

气候变化与经济发展
综合评估建模方法及其应用

米志付 著

上海三联书店

"当代经济学创新丛书"

由当代经济学基金会(NEF)资助出版

总　序

经济学说史上,曾获得诺贝尔经济学奖,被后人极为推崇的一些经济学"大家",其聪慧的初露、才华的表现,往往在其年轻时的博士论文中已频频闪现。例如,保罗·萨缪尔逊(Paul Samuelson)的《经济分析基础》,肯尼斯·阿罗(Kenneth Arrow)的《社会选择与个人价值》,冈纳·缪尔达尔(Gunnar Myrdal)的《价格形成和变化因素》,米尔顿·弗里德曼(Milton Friedman)的《独立职业活动的收入》,加里·贝克尔(Gary Becker)的《歧视经济学》以及约翰·纳什(John Nash)的《非合作博弈》,等等。就是这些当初作为青年学子在博士论文中开启的研究领域或方向,提出的思想观点和分析视角,往往成就了其人生一辈子研究经济学的轨迹,奠定了其在经济学说史上在此方面的首创经济学著作的地位,并为日后经济学术思想的进一步挖掘夯实了基础。

经济学科是如此,其他社会科学领域,包括自然科学也是如此。年轻时的刻苦学习与钻研,往往成为判断日后能否在学术上取得优异成就,能否对人类知识的创新包括经济科学的繁荣做出成就的极为重要的第一步。世界著名哲学家维特根斯坦博士论文《逻辑哲学导论》答辩中,围绕当时世界著名大哲学家罗素、摩尔、魏斯曼的现场答辩趣闻就是极其生动的一例。

世界正处于百年未遇的大变局。2008年霸权国家的金融危机,四十多年的中国增长之谜……传统的经济学遇到了太多太多的挑战。经济学需要反思、需要革命。我预测,在世界经济格局大变化和新科技革命风暴的催生下,今后五十年、一百年正是涌现经济学大师的年代。纵观经济思想史,历史上经济学大师的出现首先是时代的召唤。亚当·斯密、卡尔·马克思、约翰·梅纳德·凯恩斯的出现,正是反映了资本主义早期萌芽、发展中矛盾重重及陷入发展中危机的不同时代。除了时代环境的因素,经济学大师的出现,又有赖于自身学术志向的确立、学术规范的潜移默化、学术创新钻研精神的孜孜不倦,以及周围学术自由和学术争鸣氛围的支撑。

旨在"鼓励理论创新,繁荣经济科学"的当代经济学基金会,就是想为塑造、推动未来经济学大师的涌现起到一点作用,为繁荣中国经济科学做点事。围绕推动中国经济学理论创新开展的一系列公益活动中有一项是设立"当代经济学奖"和"全国经济学优秀博士论文奖"。"当代经济学创新丛书"是基于后者获奖的论文,经作者本人同意,由当代经济学基金会资助,陆续出版。

经济学博士论文作为年轻时学历教育、研究的成果,会存在这样和那样的不足或疏忽。但是,论文毕竟是作者历经了多少个日日夜夜,熬过了多少次灯光下的困意,时酸时辣,时苦时甜,努力拼搏的成果。仔细阅读这些论文,你会发现,不管是在经济学研究中对新问题的提出,新视角的寻找,还是在结合中国四十多年改革开放实践,对已有经济学理论模型的实证分析以及对经济模型假设条件调整、补充后的分析中,均闪现出对经济理论和分析技术的完善与创新。我相信,对其中有些年轻作者来说,博士论文恰恰是其成为未来经济学大师的基石,其路径依赖有可能就此开始。对繁荣中国经济理论而言,这些创新思考,对其他经济学研究者的研究有重要的启发。

年轻时代精力旺盛,想象丰富,是出灵感、搞科研的大好时光。出版这套丛书,我们由衷地希望在校的经济学硕博生,互相激励,刻苦钻研;希望志在经济学前沿研究的已毕业经济学硕博生,继续努力,勇攀高峰;希望这套丛书能成为经济科学研究领域里的"铺路石"、参考书;同时希望社会上有更多的有识之士一起来关心和爱护年轻经济学者的成长,在"一个需要理论而且一定能够产生理论的时代,在一个需要思想而且一定能够产生思想的时代",让我们共同努力,为在人类经济思想史上多留下点中国人的声音而奋斗。

夏斌

当代经济学基金会创始理事长

初写于 2017 年 12 月,修改于 2021 年 4 月

目 录

图表目录

前　言

目前，中国是全球最大的碳排放国和能源消费国，面临着来自国际和国内的双重减排压力。国际方面，中国碳排放随着经济快速发展而增长，其碳排放路径对全球温升目标的实现有着重大影响。而在国内方面，中国面临着减排难度增大、能源供应不足及环境污染严重等问题。为应对气候变化，中国采取了一系列措施，如调整产业结构、节能与提高能效、优化能源结构、增加碳汇等，取得了显著成效。中国目前仍然处于工业化和新型城镇化双重叠加时期，能源需求和碳排放还将在一段时期里保持合理增长，但中国不能重复发达国家工业化阶段无约束排放温室气体的发展模式，要努力探索出一条发展经济与应对气候变化双赢的可持续发展之路。

中国在气候变化自然科学研究领域已具备了一定的科学积累，但在社会经济系统影响评估方面仍然相对薄弱，气候变化建模领域的学术前沿主要被西方国家所占据。大多数发达国家都建立了自己的综合评估模型，在制定国家气候政策以及应对国际气候变化谈判中发挥了巨大作用。中国亟需建立基于本国国情的气候变化综合评估模型，为中国应对气候变化提供理论和数据支撑，提高在气候变化领域的话语权。

本书面向国家应对气候变化重大战略需求和气候政策建模研究国际前沿，围绕气候变化综合评估建模方法及其应用展开研究。采用运筹学、计量经济学、博弈论、投入产出分析、多准则决策以及文献计量等理论与方法,分别从全球、国家以及地区三个层次建立气候变化综合评估模型,模拟经济、能源、环境以及气候变化之间的复杂关系,进行以下创新性的工作:

第一,将碳配额交易机制引入综合评估模型,在同一平台下比较了支付能力、平等主义、祖父原则及历史责任四种气候政策公平性原则对社会经济系统的影响。结果显示,全球合作能有效促进减缓气候变化进程。全球 2000—2100 年累积二氧化碳(CO_2)排放在非合作博弈情景下是合作情景下的 2.3 倍。从全球角度看,祖父原则下气候变化造成的损失最小,但发展中国家的利益受到较大损失。对中国而言,优先选择的公平性原则依次为支付能力、历史责任、平等主义以及祖父原则。中国的"历史责任"和"人均"优势随着碳排放的快速增长正在逐渐减弱。

第二,基于投入产出分析建立了评估经济、能源与气候变化的动态优化模型。在社会福利最大化的目标下,综合经济增速、产业结构、能源结构及能源效率等方面,探索了中国的低碳发展路径。中国要实现 2030 年碳排放峰值目标,GDP 年均增速到"十五五"可能低于 5%,2030 年后低于 4.5%。在保证 GDP 合理增速的前提下,中国碳排放最早于 2026 年达到峰值。与碳排放 2030 年达峰相比,提前达峰可减少 1.2%～5.4% 的 CO_2 排放。

第三,综合碳排放、效率、非化石能源和气候政策四方面,基于 15 个客观指标构建了气候变化减缓指数,评价和解读了中国省级的减缓气候变化政策效果。长江中游地区和南部沿海地区在减缓气候变化方面表现较好,而西北地区的平均表现较差。气候变化减缓指数与能源自给率之间存在负向线性关系,因此资源禀赋在减缓气候变化策略中应该得到重视。此外,气候变化减缓指数与社会发展水平没有显著的线性关系,说明处于不同社会发展阶段的地区都有能力取得较好的表现。

第四,基于投入产出分析建立最优化模型,以北京市为例评估了产业结构对节能减排的潜在影响,并对比了 GDP 最大化、能源强度最小化、能源消费量最小化、碳强度最小化以及碳排放量最小化五种决策目标对社会经济系统的影响。结果表明,产业结构调整具有较大的节能减排潜力。2010—2020 年,北京市产业结构调整具有节约能源 39.4%、减少 CO_2 排放 46.1%的潜力。通过合理的产业结构调整,能源强度可以在不影响经济增长的前提下降低。此外,与强度目标相比,总量目标的节能减排效果更明显,但是对经济增长的负面影响也更大。因此,总量目标与强度目标之间需要合理的平衡。

符号说明

简称	英文名称	中文名称
AEEI	Autonomous Energy-Efficiency Improvement	自主式能源-效率增长
BAU	Business as Usual	基准情景
CCMI	Climate Change Mitigation Index	气候变化减缓指数
CDIAC	Carbon Dioxide Information Analysis Center	美国能源部二氧化碳信息分析中心
CGE	Computable General Equilibrium	可计算一般均衡
CKC	CO_2 Environmental Kuznets Curve	二氧化碳环境库兹涅茨曲线
CO_2	Carbon Dioxide	二氧化碳
COP	Conferences of the Parties	缔约方会议
DEA	Data Envelopment Analysis	数据包络分析
EKC	Environmental Kuznets Curve	环境库兹涅茨曲线
EU ETS	European Union Emission Trading Scheme	欧盟排放交易体系
G20	Group 20	二十国集团
GDP	Gross Domestic Product	国内生产总值
GNP	Gross National Product	国民生产总值
GJ	Gigajoules	十亿焦耳
Gt	Gigatonnes	十亿吨
GtC	Gigatonnes of Carbon	十亿吨碳
$GtCO_2$	Gigatonnes of Carbon Dioxide	十亿吨二氧化碳
GTAP	Global Trade Analysis Project	全球贸易分析模型
IAM	Integrated Assessment Model	综合评估模型

IEA	International Energy Agency	国际能源署
IIASA	International Institute for Applied Systems Analysis	国际应用系统分析研究所
IMEC	Integrated Model of Economy and Climate	气候与经济综合评估模型
IPCC	Intergovernmental Panel on Climate Change	政府间气候变化专门委员会
kW·h	Kilowatt hour	千瓦时
LBD	Learn by Doing	干中学
NGO	Non-Governmental Organization	非政府组织
OECD	Organization for Economic Co-operation and Development	经济合作与发展组织
ppm	Parts Per Million	百万分率
PwC	PricewaterhouseCoopers	普华永道
RCP	Representative Concentration Pathway	典型浓度路径
RICE	Regional Integrated Model of Climate and the Economy	区域动态气候与经济模型
R&D	Research and Development	研究与开发
SCI	Science Citation Index	科学引文索引
SCI-E	Science Citation Index-Expanded	科学引文索引扩展版
SSCI	Social Sciences Citation Index	社会科学引文索引
TOPSIS	Technique for Order Preference by Similarity to Ideal Solution	理想解法
UNFCCC	United Nations Framework Convention on Climate Change	联合国气候变化框架公约
WIOD	World Input-Output Database	世界投入产出数据库

第一章　绪　论

第一节　研究背景

一、气候变化是全世界共同面对的挑战

全球气候变化影响人类生存与发展,是各国共同面对的重大挑战。气候变化会直接或间接对社会经济系统和自然系统产生影响(IPCC,2014b;Parmesan and Yohe,2003)。观测到的证据表明全球气候变化已经影响到多方面,包括导致海平面上升(Bosello et al.,2007)、影响农业(Adams et al.,1990)、加剧洪涝干旱及其他气象灾害(Næss et al.,2005)、危害人类健康(McMichael et al.,2006;Patz et al.,2005)等。

气候变化是人类发展过程中出现的问题,既受自然因素影响,也受人类活动影响。越来越多的证据表明,人类活动对全球气候系统的影响是明确的(IPCC,2013)。为提高对气候变化成因及其潜在社会经济和环境影响的科学认识,世界气象组织和联合国环境规划署于1988年建立了政府间气候变化专门委员会(IPCC)。该组织致力于在全面、客观、公开和透明的基础上,对有关气候变化的现有科学、技术和社会经济信息进行评估和总结。自成立以来,该组织已经发布五次评估报告。该系列报告成为气候变化领域最重要的文献之一,并对国际气候变化谈判产生重大影响。IPCC历次评估报告对"人类活动引起气候变化"的可信度不断提高。IPCC第三次评估报告指出,过去50年中观察到的大部分变暖有可能(概率超过66%)是由人类活动引起的(IPCC,2001c)。过去1000年的重建数据表明变暖是不正常的,不太可能完全源于自然因素。IPCC第四次评估报告认为,20世纪中叶以来的全球平均气温上升很

有可能(概率超过90%)是人为的温室气体排放造成的(IPCC,2007c)。人类影响已经延伸到气候的其他方面,包括海洋温度、大陆平均温度和风向等。IPCC第五次评估报告指出,1951—2010年的全球平均地表温度上升非常有可能(概率超过95%)是由人为温室气体浓度上升及其他人类活动引起的(IPCC,2013)。

应对气候变化是一项长期而艰巨的任务,事关人类生存环境和各国发展前途,需要国际社会携手合作。作为典型的全球性问题,气候具有公共产品属性,而应对气候变化具有很强的外部性。如果其他国家都不采取减缓气候变化行动,单一国家没有主动减少温室气体排放的动力。国际社会已经采取了很多措施适应与减缓气候变化。1992年5月,联合国大会通过《联合国气候变化框架公约》(UNFCCC,以下简称《公约》),这是世界上第一个为全面控制温室气体排放,以应对全球变暖给人类社会和自然社会带来不利影响的国际公约。1995年后,《公约》缔约方会议(COP)每年召开以评价应对气候变化的进展,并制定未来减排方案。1997年12月,第三次缔约方大会通过《京都议定书》(Kyoto Protocol),规定了主要发达国家2012年前的减排目标,使温室气体减排成为法律义务。虽然缔约方大会每年如期召开,气候变化受到社会各界越来越多的重视,但始终没有达成具有法律效力的各国明确的减排任务。2015年12月,第21次缔约方大会在法国巴黎通过了《巴黎协定》,为2020年后全球应对气候变化行动作出安排。

温室气体减排的长期目标一直存在争议,即全球温升应该控制在何种范围之内,以及大气中温室气体浓度应稳定在何种水平。《公约》提出"将大气中温室气体的浓度稳定在防止气候系统受到危险的人为干扰的水平上",但没有指出具体的温升阈值和温室气体浓度目标。目前,国际社会普遍接受的目标是全球温升控制在2℃以内。2009年,《哥本哈根协议》指出大幅度减少全球碳排放是必须的,并应当将全球气温升幅控制在2℃以内。《坎昆协议》也强调应将全球温升控制在2℃以内,避免人类气候灾难,需要削减近60%的碳排放。然而,一些利益集团从自身出发,在长期目标上持有不同观点。例如,小岛屿国家联盟认为气候变化严重威胁其生存,主张世界各国采取更严格的减排措施,并提出温升不超过 1.5℃、温室气体浓度不超过 350 ppm 的目标(杨理堃和李照耀,2011)。《巴黎协定》长期目标是将全球温升控制在 2℃ 以内,并努力将温升限制在 1.5℃ 以内。

根据 IPCC 第五次评估报告,温室气体浓度到 2100 年控制在 450 ppm,2℃目标才有可能(概率超过 66%)实现。在此情景下,2011—2100 年全球累积 CO_2 排放为 630～1180 Gt,远小于 1870—2011 年的全球累计排放量(表 1-1)。在非常可能(概率超过 90%)实现 2℃ 目标情景下的最优排放路径为:到 2030年,全球温室气体排放控制在 2010 年水平的 60%～100%(30～50 $GtCO_2$ 当量);到 21 世纪中叶,全球温室气体排放降低至 2010 年水平的 40%～70%,到 21 世纪末减少至零(IPCC,2014b)。

表 1-1 21 世纪 CO_2 排放、浓度及温度变化关系

2100 年 CO_2 当量浓度(CO_2 当量)	累计 CO_2 排放量($GtCO_2$)		温度变化(相对于 1850—1900)				
	2011—2050	2011—2100	2100 年(℃)	温度变化超过相应水平的概率(%)			
				1.5℃	2℃	3℃	4℃
430～480	550～1300	630～1180	1.5～1.7	49～86	12～37	1～3	0～1
480～530	860～1600	960～1550	1.7～2.1	80～96	32～61	3～10	0～2
530～580	1070～1780	1170～2240	2.0～2.3	93～99	54～84	8～19	1～3
580～650	1260～1640	1870～2440	2.3～2.6	96～100	74～93	14～35	2～8
650～720	1310～1750	2570～3340	2.6～2.9	99～100	88～95	26～43	4～10
720～1000	1570～1940	3620～4990	3.1～3.7	100～100	97～100	55～83	14～39
＞1000	1840～2310	5350～7010	4.1～4.8	100～100	100～100	92～98	53～78

注:"2100 年 CO_2 当量浓度"包括所有温室气体、卤化气体、对流层臭氧、气溶胶和反射率变化的强迫。

数据来源:IPCC 第五次评估报告(IPCC,2014b)。

二、中国面临着巨大的减排压力

中国面临着来自国际和国内的双重减排压力。国际上,中国目前是世界上最大的碳排放国和能源消费国。随着经济的快速发展,中国碳排放迅速增长(魏一鸣等,2006)。1990—2012 年,中国 CO_2 排放呈现指数增长态势,年均增长 6.1%,占期间全球新增排放的 55.4%(Feng et al.,2013;IEA,2014)。2006 年,中国超越美国成为世界第一大碳排放国;同一年,中国的人均碳排放也超过了世界平均水平。2012 年,中国化石燃料燃烧导致的 CO_2 排放为 8.2 Gt,占全球总排放的 25.9%;当年,中国人均 CO_2 排放是世界人均水平的 1.3 倍(IEA,2014)。

根据 IPCC 第五次评估报告,为保证实现 2℃ 目标(概率超过 90%),全球温室气体排放到 2030 年需要控制在 30~50 $GtCO_2$ 当量(IPCC,2014b)。中国如果不采取减排措施,保持现有的碳排放指数增长趋势,其 CO_2 排放到 2030 年可能达到 19.7 Gt,占全球总排放空间的 65%。这种情景下,2℃ 目标基本不可能实现。

国际气候变化谈判中,作为世界第一大排放国的中国经常成为争论的焦点。目前,国际气候变化谈判已形成欧盟、伞形集团和"七十七国集团加中国"三大利益集团。欧盟各国环境状态良好,经济发达,环保组织实力较强,力争主导气候变化谈判的走向。伞形国家包括美国、日本、加拿大、澳大利亚、新西兰等国家,多为能源消费大国或碳减排压力较大的国家。伞形国家和欧盟虽然在减排进度上存在分歧,但在迫使发展中国家承担减排义务方面是一致的,因此常将矛头指向中国。"七十七国集团加中国"是发展中国家,坚持"共同但有区别责任"原则,发达国家应承担主要责任,率先采取减排行动。但是该集团过于庞大,内部存在很多竞争和分歧。例如,以沙特为代表的石油输出国担心减排措施影响其石油生产和出口,越来越成为国际气候谈判中强硬的反对者。而以小岛屿国家联盟为首的受气候变化影响较大的国家与欧盟持相似的观点,强烈要求排放较大的发展中国家参与减排行动。因此,中国在气候变化谈判中既要应对来自发达国家的压力,还要极力维护集团内部的协调一致。

从国内视角看,中国面临着减排难度增大、能源供应不足及环境污染严重等问题。化石能源燃烧是碳排放的最主要来源之一,而许多环境污染物尤其是大气污染物也来自于化石能源,因此碳减排很大程度上和减少能源消费、改善环境质量是一致的。

中国温室气体减排难度加大。中国仍处在工业化、城镇化和农业现代化进程中,能源需求和碳排放还在继续增长,但是中国能源强度(单位 GDP 能源消耗)和碳强度(单位 GDP 的 CO_2 排放)都在持续下降。1980—2012 年,中国能源强度从 2.66 吨标准煤/万元下降至 0.77 吨标准煤/万元,年均下降 3.81%。随着中国能源强度和碳强度越来越接近发达国家水平,节能减排难度也逐渐增加。一些较容易实现的减排措施(如淘汰落后产能等)很难继续发挥较大作用。

中国能源供应压力较大,可再生能源相对匮乏(魏一鸣等,2014a;魏一鸣等,2012)。1980—2012 年,中国国内生产总值(GDP)迅速增长,年均增长率约为 10%。能源是经济发展的物质基础,因此中国能源消费量也快速增长。中国2012 年能源消费量为 36 亿吨标准煤,是 1980 年能源消费量的 6 倍多(国家统计局,2015a)。然而,中国能源供应能力相对不足,能源生产量增速低于能源消费量增速,这导致中国能源对外依存度不断攀升。2012 年,中国能源对外依存度达到 15%,石油对外依存度达到 58%(国家统计局,2013a)。2013 年,中国在《能源发展"十二五"规划》提出"十二五"能源消费总量控制在 40 亿吨标准煤的目标(国务院办公厅,2013)。但是,2014 年中国能源消费总量便达到 42.6 亿吨标准煤(国家统计局,2015b),可见中国能源消费总量的增长超出了普遍预期。此外,中国可再生能源相对匮乏。2012 年,中国可再生能源生产量为 3.42 亿吨标准煤,占一次能源生产量的 10.3%(国家统计局,2013a)。

中国环境污染形势严峻,大气污染已引起社会广泛关注。长期以来,由于"先污染、后治理"的经济发展模式,中国环境受到严重破坏。媒体关于大气污染、水污染、耕地污染、矿山污染甚至沙漠污染的报道层出不穷。近些年,空气污染危机开始爆发,雾霾引起了社会广泛关注,甚至损害了国家形象。根据《2014 年国民经济和社会发展统计公报》,在监测的 161 个城市中,2014 年城市空气质量未达标的城市占 90.1%,达标的城市仅占 9.9%(国家统计局,2015b)。2015 年,柴静的纪录片《柴静雾霾调查:穹顶之下》分析了雾霾的构成以及应对措施,引起了社会广泛关注。能源消耗既排放出大量的 CO_2,也是其他众多污染物(如二氧化硫、氮氧化物等)的主要来源。因此,减少碳排放具有减轻环境污染的协同效应。根据国际应用系统分析研究所(IIASA)的研究,全球气候政策对降低大气污染的协同收益有三分之一在中国(Rafaj et al.,2013)。

三、中国积极应对气候变化

面临国际减排压力以及国内能源供应不足和环境污染等问题,中国已经积极采取措施减少温室气体排放。2009 年 11 月,在哥本哈根气候大会之前,中国宣布 2006—2020 年期间碳强度下降 40%~45%(Liu et al.,2013)。2011 年 3 月,中国政府在"十二五"规划中提出了能源强度下降 16% 以及碳强度下降 17% 的约束性目标(新华社,2011)。综合考虑发展水平、产业结构、节能潜力、环境容量及国家产业布局等因素,全国目标被分解到各省份。能源强度下降目标分为五档,分别为 18%(5 个省)、17%(4 个省)、16%(12 个省)、15%(6 个省)及 10%(4 个省)(国务院办公厅,2011)。2014 年 11 月,中国和美国共同发布《中美气候变化联合声明》,宣布了两国各自 2020 年后应对气候变化的行动,认识到这些行动是向低碳经济转型长期努力的组成部分,并考虑到 2℃ 全球温升目标。中国计划 2030 年达到 CO_2 排放峰值且努力早日达峰,并将非化石能源占一次能源消费量比例提高至 20%(新华社,2014)。

在减缓气候变化方面,中国政府通过调整产业结构、节能与提高能效、优化能源结构、控制非能源活动排放、增加碳汇等措施降低温室气体排放。在适应气候变化方面,中国在基础设施、农业、水资源、海岸带、生态系统、人群健康等方面积极采取行动,提高气候变化影响监测能力以及应对极端天气气候事件能力,减轻气候变化对社会经济发展和生产生活的不利影响(国家发展和改革委员会,2014)。此外,中国积极推进碳排放权交易市场的实施,在北京、上海、天津、重庆、广东、湖北、深圳等地启动碳排放权交易试点工作。2017年,中国正式启动全国统一碳交易市场。2020年,生态环境部公布了《碳排放权交易管理办法(试行)》,规定了全国统一碳交易市场运行的关键环节和工作要求。在能力建设方面,中国积极推动气候变化相关立法,加强重大战略研究和规划编制,完善气候变化相关政策体系,强化应对气候变化科技支撑,稳步推进统计核算考核体系建设(国家发展和改革委员会,2014)。

四、综合评估模型是气候政策研究的主流工具

气候变化已经从一个有争议的科学问题,转化为政治问题、经济问题、环境问题,甚至道德问题(Hoegh-Guldberg,1999;IPCC,2007c;Walther et al.,2002;Watson,2003)。众多组织、国家、学者等提出了许多气候政策来减缓与适应气候变化。气候变化综合评估模型(IAM)是经济系统和气候系统整合在一个框架里的模型,已成为气候政策研究的主流工具(Nordhaus,1991;Wang and Watson,2010;Wei et al.,2014a)。

综合评估模型起源于20世纪60年代对全球环境问题的研究。解决全球环境问题,必须综合从自然科学到人文社会科学等广泛学科的见解,系统地阐明问题的基本结构和解决方法(Tavoni and Levin,2014;Victor,2015)。为此引入了"综合评估"的政策评价过程,并开发了作为核心工具的跨多学科的大规模仿真模型,综合评估模型应运而生(森田恒幸等,1997)。诺贝尔经济学奖得主威廉·诺德豪斯(William D. Nordhaus)将经济系统与生态系统整合在一个模型框架里来评价气候政策,标志着气候变化综合评估模型的发端(Nordhaus,1991)。

气候变化综合评估模型作为评估气候政策的有力工具,受到越来越多的重视。首先,许多组织和政府报告使用了气候变化综合评估模型。2006年,英国政府基于剑桥大学克里斯·霍普(Chris Hope)开发的PAGE模型的结果发布了《斯特恩报告》,引起了全世界对于气候变化的关注(Stern,2007)。对国际气

候变化合作与谈判有重要影响力的 IPCC 评估报告也是基于大量的气候政策模型(IPCC,2001b,2007a)。其次,一大批科研机构、组织与学者等开始关注气候变化综合评估模型。此领域的学术论文迅速增加,一些论文发表在世界权威期刊上。例如,关于气候政策建模中不确定性问题的研究发表在《自然》上(Murphy et al.,2004;Stocker,2004),关于气候变化综合评估模型的综述和关于美国气候模型发展的评论发表在《科学》上(Dowlatabadi and Morgan,1993a;Kerr,1999)。

随着气候变化综合评估模型的增多,一些学者开始对其进行总结。达拉塔巴迪和摩根(Dowlatabadi and Morgan,1993a)认为气候政策模型需要对气候变化的起因、过程和结果进行综合评估,总结了气候变化综合评估模型的发展成果,并着重介绍了 IMAGE、DICE、CETA、PAGE 和 ICAM - 0/ICAM - 1 等模型。达拉塔巴迪(Dowlatabadi,1995)概括了 18 个气候政策模型,将其分为成本-效果模型、成本-影响模型和成本-效益模型。王灿等(2002)按照成本分析和综合分析两个层次,分别介绍了投入产出模型、可计算一般均衡模型、宏观计量经济模型、工程经济模型、动态能源优化模型、能源系统模拟模型、综合评估模型等不同模型方法的特点及其在气候政策分析中的应用。

第二节　研究目的

全球气候变化影响人类生存与发展,对人类社会和自然系统都是潜在的巨大风险。应对气候变化、实现可持续发展是世界各国的共同责任。中国目前是世界上最大的碳排放国和能源消费国。随着经济的快速发展,中国碳排放也迅速增长。中国的碳排放路径对 2℃目标的实现有着重大影响。在一段时期内中国还将成为气候谈判的焦点,既要应对发达国家给予的压力,还要极力维护发展中国家集团内部的协调一致。

从国内视角看,中国面临着减排难度增大、能源供应不足及环境污染严重等问题。中国仍处在工业化、城镇化和农业现代化进程中,能源需求和碳排放还将在一段时间内继续保持增长。随着中国能源强度和碳强度越来越接近发达国家水平,节能减排难度也逐渐增加。环境污染已经成为制约中国社会发展的重要因素,严重影响了居民生活质量。中国不能重复发达国家工业化时期无约束排放温室气体的发展道路,要摒弃"先污染、后治理"的经济发展理念,努力探索出一条符合中国国情的,发展经济与应对气候变化双赢的可持续发展之路。

中国在气候变化自然科学研究领域已具备了一定的科学积累,但在社会经济系统影响评估方面仍然相对薄弱,气候变化建模的学术前沿主要被西方国家所占据。大多数发达国家都建立了自己的综合评估模型,在制定国家气候政策以及应对国际气候变化谈判中发挥了巨大作用。发达国家开发的气候政策模型很有可能对发展中国家不利。中国亟需从本国国情出发建立气候变化综合评估模型,为中国应对气候变化提供理论和数据支撑,提高在气候变化领域的话语权。

因此,本书面向国家应对气候变化重大战略需求和气候政策建模研究的国际前沿,对气候变化综合评估建模方法及其应用进行研究。分别从全球、国家、地区三个层次建立气候变化综合评估模型,以期达到以下研究目的:

(1)建立评估模型,分析气候政策的社会经济影响。基于气候变化综合评估模型,模拟国际、国家以及地区的气候政策,分析它们对社会经济系统的影响。

(2)摸清自己底牌,应对国际气候变化谈判。分析不同国际气候政策对中国的影响,评估出对中国最有利的公平性原则。了解中国的节能和减排潜力,预测中国的经济、能源以及碳排放的发展趋势,为中国应对国际气候变化谈判提供理论和数据支撑。

(3)规划排放路径,实现社会效用的最大化。在综合中国宏观经济、能源以及碳排放等相关规划的基础上,探索符合中国国情的低碳发展道路,平衡经济发展、环境保护及应对气候变化等各方面,实现社会效用最大化。

第三节　研究思路

气候变化综合评估模型通常是建立在成本-效益分析基础上,通过引入气候变化的减排成本函数和损失函数,最大化贴现后的社会福利函数,从而得到最优的减排成本路径。综合评估模型对气候政策的评估一般包括六步(图1-1):(1)对未来的温室气体(或 CO_2 当量)排放在基准情景(BAU)以及各种可能的减排情景下进行预测,得出未来的温室气体浓度;(2)由温室气体浓度变化得出全球或区域的平均温度变化;(3)评估温升带来的 GDP 和消费损失;(4)评估温室气体减排的成本;(5)根据社会效用和时间偏好假设评估减排效益;(6)比较分析减排带来的损失和减排带来的未来的效益增加。诺德豪斯开发的 DICE 模型(Nordhaus,1992a)和 RICE 模型(Nordhaus and Yang,1996),佩克与泰斯伯格开发的 CETA 模型(Peck and Teisberg,1992)以及斯特

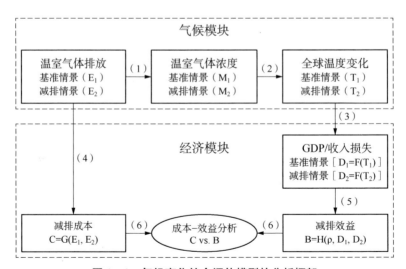

图1-1　气候变化综合评估模型的分析框架
　　注:E、M、T、C、D、B 和 ρ 分别表示温室气体排放、温室气体浓度、全球温度、减排成本、GDP/收入损失、减排效益和时间偏好率。F、G 和 H 分别表示损失函数、减排成本函数和福利函数。

恩使用的 PAGE 模型(Stern，2007)都采用了这种分析框架。

基于成本-效益分析的理论框架，本书分别从全球、国家、地区三个层次建立气候变化综合评估模型，评估气候政策对社会经济系统的影响。首先，从全球视角改进 RICE 模型，评估与对比国际气候政策公平性。RICE 模型由诺德豪斯和杨自力开发，将经济系统和气候系统整合在一个框架中，是一个典型的气候变化综合评估模型(Nordhaus and Yang，1996)。它结构简单，代码透明，巧妙地将博弈论引入模型，在气候变化评估中起到重要作用。目前，此模型在全世界拥有大量用户，被广泛应用于气候变化研究。其次，从国家角度基于投入产出表建立气候与经济综合评估模型(Integrated Model of Economy and Climate，IMEC)，分析中国碳排放峰值问题。IMEC 是一个评估经济、能源与气候变化的动态优化模型。再次，从地区视角利用投入产出模型建立优化模型，分析产业结构的节能减排潜力。具体来说试图回答以下几个问题：

(1)不同国际气候政策公平性对全球社会经济系统有何影响？哪种气候政策对中国最有利？

(2)中国碳排放可否在 2030 年前达到峰值？中国如何最优地实现碳排放达到峰值？中国碳排放提前达峰的社会经济影响如何？

(3)中国地区减缓气候变化政策的效果如何？不同发展阶段的地区应该如何减缓气候变化？

(4)以北京为例分析产业结构调整的节能减排潜力如何？不同决策目标对社会经济系统有何影响？

全书的技术路线如图 1-2 所示。

根据上述研究思路和技术路线，本书分为七章：

第一章：绪论。本章主要介绍了气候变化综合评估模型对我国制定气候政策和应对国际气候变化谈判的重要意义，同时阐明了本书的研究目的，并在此基础上介绍了本书的研究思路和框架。

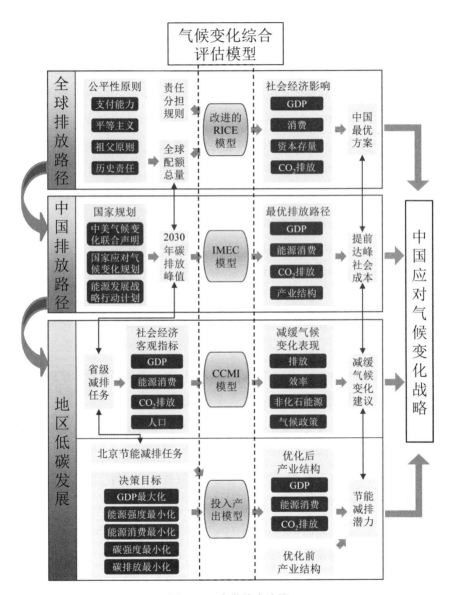

图 1 - 2　全书技术路线

第二章：文献综述。本章总结气候变化综合评估模型的研究现状、研究热点、研究方法以及气候政策的评价准则。

第三章：国际气候政策公平性原则比较——基于 RICE 模型。本章为四种气候政策公平性原则提供了具体的核算公式及指标，包括支付能力原则、平等主义原则、祖父原则及历史责任原则。基于四种原则，全球 2000—2100 年的碳排放配额被分配给六大区域。本章将碳配额交易机制引入 RICE 模型，在同一平台下比较不同分配机制对全球 GDP、消费及资本存量等因素的影响，对比发达国家和发展中国家之间的利益，并且评估出中国优先选择的公平性原则。

第四章：中国碳排放达峰路径及其影响——基于 IMEC 模型。本章基于投入产出表建立 IMEC 模型，探索中国的低碳发展道路，评估中国碳排放达峰的最优排放路径。针对中国 2030 年碳排放达峰的目标，分析中国是否有能力在 2030 年之前实现碳排放峰值。在此基础上，进一步评估碳排放提前达峰的社会经济影响。

第五章：中国区域减缓气候变化政策效果评估——基于 CCMI 模型。本章综合碳排放、效率、非化石能源和气候政策四方面构建气候变化减缓指数（CCMI）。根据经济发展水平和地理特征，将中国大陆分为八大经济区：东北、北部沿海、东部沿海、南部沿海、黄河中游、长江中游、西南和西北。本章评估中国 30 个省份以及 8 大经济区的减缓气候变化政策效果，分析资源禀赋及社会发展水平对减缓气候变化政策效果的影响，并且从国家和省级两个层面为中国减缓气候变化行动提出政策建议。

第六章：区域产业结构调整的节能减排潜力评估——基于投入产出模型。本章基于投入产出模型建立最优化模型，以北京为例评估产业结构对节能减排的潜在影响，探索产业结构优化的方向，并且对比不同决策目标（GDP 最大化、能源强度最小化、能源消耗量最小化、碳强度最小化、碳排放量最小化）对社会经济系统的影响。

第七章：研究结论与展望。本章对全书通过建模分析得到的结论、政策启示以及主要的创新工作进行归纳和总结，同时指出研究中存在的一些不足和改进方向，并对有待进一步研究的问题进行了展望。

第二章　文献综述

气候变化综合评估模型在气候变化研究中发挥了十分重要的作用。气候变化研究学者大都直接或间接地使用了此类模型。本章基于文献计量分析（Wang et al.，2014；魏一鸣等，2014b），对气候变化综合评估模型领域进行统计分析和信息挖掘，分析此领域的发展现状和态势，捕捉国际研究的热点和方法。

第一节　气候变化综合评估模型研究现状

一、数据来源

本书检索出 SCI－E 数据库 1981—2014 年和 SSCI 数据库 2002—2014 年之间发表的气候变化综合评估模型领域的文献。检索时间为 2015 年 3 月 3 日。

二、文献数量

检索发现，在 SCI－E 和 SCI 数据库中，气候变化综合评估模型领域的文献共计 7 045 篇。从全球角度来看，气候变化综合评估模型研究呈现快速发展的态势（图 2－1）。根据发展速度的快慢，大致可以分成两个阶段：1984—2000 年是平稳发展阶段，2001—2014 年是快速发展阶段。在后一阶段中，年均增长 26.36%，2014 年文献数达到 1 298 篇。期间值得注意的事件是，美国作为 1997 年《京都议定书》的签约国之一，却于 2001 年宣布退出，极大削弱了《京都议定书》的实际效力。2001 年，IPCC 发布了第三次评估报告（IPCC，2001a）。上述事件吸引了大量学者进一步加入气候政策影响的研究队伍，关于气候变化综合评估模型的文献也随之迅速增加。

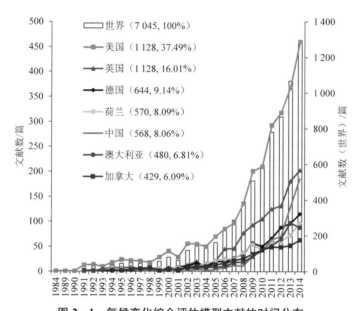

图 2-1　气候变化综合评估模型文献的时间分布

注：括号内数字表示该国家（或世界）的发文总量及占世界发文量的比例。

从国家角度来看，美国的研究起步最早、实力最强，英国次之，中国近五年发展迅速。气候变化综合评估模型早期三篇文献均来自美国（Gucinski et al.，1990；Idso，1984；Mehos and Ramirez，1989），2000 年以前的文献有 48.74% 来自美国，先发优势奠定了美国在此领域的主导地位。英国的研究实力仅次于美国。2006 年，英国政府发布《斯特恩报告》(Stern，2007)，引起了全世界对气候变化的关注，这促使其更加关注气候变化综合评估模型，英国在此领域的学术产出迅速增加。中国近五年在此领域发展迅速。在发文量超过 100 篇的 15 个国家中，中国是唯一的发展中国家。

三、学科分布

从学科分布角度来看，气候变化综合评估模型是一个多学科交叉的领域，主要涉及环境科学、经济学、气象与大气科学、生态学、地理科学以及管理科学等(图 2-2)。

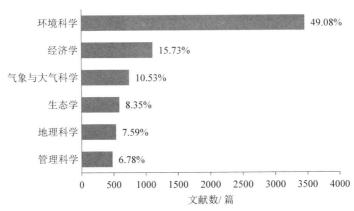

图 2-2　气候变化综合评估模型文献的学科分布

注：数字表示该学科的文献数占全部文献的比例，一篇文章可以属于多个学科。

四、期刊分布

从期刊分布角度来看，气候变化综合评估模型领域的高产期刊多来自环境、能源和经济领域，也有气候变化领域的专业期刊(表 2-1)。

表 2-1　气候变化综合评估模型领域的高产期刊

序号	期刊	文献数	比例（%）	影响因子	国家
1	《能源政策》(*Energy Policy*)	608	8.63	2.696	英国
2	《气候变化》(*Climatic Change*)	323	4.59	4.622	荷兰
3	《能源经济》(*Energy Economics*)	227	3.22	2.580	荷兰
4	《生态经济》(*Ecological Economics*)	166	2.36	2.517	荷兰
5	《能源》(*Energy*)	128	1.82	4.159	英国
6	《全球环境变化：人类与政策维度》(*Global Environmental Change-Human and Policy Dimensions*)	119	1.69	6.000	英国
7	《应用能源》(*Applied Energy*)	107	1.52	5.261	英国

续表

序号	期刊	文献数	比例（%）	影响因子	国家
8	《环境科学与政策》（*Environmental Science and Policy*）	99	1.41	3.514	美国
9	《环境科学与技术》（*Environmental Science and Technology*）	97	1.38	5.481	美国
10	《气候政策》（*Climate Policy*）	91	1.29	1.703	英国

注：比例为该期刊的发文数占全部文献的比例。影响因子为 2013 年度影响因子。

五、高产作者

在检索到的 7 045 篇文献中，共有 1.7 万位作者（无重复计数）。根据普赖斯（Price）定律，杰出科学家撰写的论文数约占此领域论文总数的一半，且杰出科学家的数量约等于全部作者数量的平方根（魏一鸣等，2013b）。设杰出科学家的最低产发文量为 m，则：

$$m = 0.749 \times (n_{max})^{0.5} \qquad (2-1)$$

其中，n_{max} 表示最高产作者的发文量。本书中 $n_{max} = 52$，通过计算可知 $m = 6$。在 1.7 万位作者中，发文量在 6 篇及以上的作者共有 376 位。这 376 位核心作者共表发文献 3 545 篇，占全部文献的 50.32%，符合 Price 定律。本书重点挑选出前 10 位作者（表 2-2），其中，美国、荷兰、德国、澳大利亚各两位，加拿大、意大利各一位。

表 2-2　气候变化综合评估模型领域的高产作者

序号	作者	国家	文献数	被引次数	篇均被引次数	单篇最高被引次数	H 指数
1	瑞利（Reilly J. M.）	美国	52	1 353	26.02	207	19
2	黄（Huang G. H.）	加拿大	46	854	18.57	90	18
3	范维伦（Van Vuuren D. P.）	荷兰	42	1 762	41.95	863	19
4	托尔（Tol R. S. J.）	荷兰	39	961	24.64	259	16

续表

序号	作者	国家	文献数	被引次数	篇均被引次数	单篇最高被引次数	H指数
5	帕利采夫（Paltsev S.）	美国	37	701	18.95	207	14
6	里亚希（Riahi K.）	澳大利亚	28	1737	62.04	863	14
7	奥贝斯坦纳（Obersteiner M.）	澳大利亚	28	522	18.64	122	11
8	塔沃尼（Tavoni M.）	意大利	27	530	19.63	158	12
9	埃登霍费尔（Edenhofer O.）	德国	24	597	24.88	182	13
10	鲁德尔（Luderer G.）	德国	22	283	12.86	36	11

注：国家为该作者最近发表的论文的第一单位所在的国家。H指数是基于本书检索的7045篇论文，而不是该作者的全部论文。

六、高产机构

发达国家的高产机构明显多于发展中国家。排名前十名的高产机构中，美国的机构最多（表2-3）。只有中国科学院是来自发展中国家，再次说明发展中国家在气候变化综合评估模型方面的研究进度明显落后于发达国家。此外，国际应用系统分析学会是非政府组织（NGO），发文量占奥地利的一半以上。

表2-3 气候变化综合评估模型领域的高产机构

序号	机构英文名称	机构中文名称	国家	文献数	占本国比例（%）	占世界比例（%）
1	Massachusetts Institute of Technology（MIT）	麻省理工学院	美国	144	5.85	2.04
2	University of California, Berkeley	加州大学伯克利分校	美国	140	5.69	1.99
3	International Institute for Applied Systems Analysis（IIASA）	国际应用系统分析研究所	奥地利	131	55.51	1.86
4	VU University Amsterdam	阿姆斯特丹自由大学	荷兰	124	21.75	1.76
5	Chinese Academy of Sciences	中国科学院	中国	112	19.72	1.59
6	University of Cambridge	剑桥大学	英国	110	9.75	1.56

序号	机构英文名称	机构中心名称	国家	文献数	占本国比例(%)	占世界比例(%)
7	University of Oxford	牛津大学	英国	103	9.13	1.46
8	Potsdam Institute for Climate Impact Research	波茨坦气候影响研究所	德国	101	15.68	1.43
9	University of Maryland	马里兰大学	美国	97	3.94	1.38
10	Carnegie Mellon University	卡耐基梅隆大学	美国	92	3.74	1.31

七、被引情况

在高影响力论文方面,美国仍然具有最强实力。排名前十名的高被引论文中,美国有七篇,西班牙两篇,英国一篇(表2-4)。

表2-4　气候变化综合评估模型领域的高被引论文

序号	作者及年份	国家	期刊	被引次数	年均被引次数
1	Moss R. H. , Edmonds J. A. , Hibbard K. A. 等 (2010)	美国	《自然》(Nature)	863	143.83
2	Lenton T. M. , Held H. , Kriegler E. 等(2008)	英国	《美国国家科学院院刊》(Proceedings of The National Academy of Sciences of The United States of America)	643	80.38
3	Katz R. W. , Brown B. G. (1992)	美国	《气候变化》(Climatic Change)	536	22.33
4	Sallis J. F. , Bauman A. , Pratt M. (1998)	美国	《美国预防医学杂志》(American Journal of Preventive Medicine)	511	28.39
5	Stern D. I. (2004)	美国	《世界发展》(World Development)	452	37.67
6	Alley R. B. , Marotzke J. , Nordhaus W. D. 等(2003)	美国	《科学》(Science)	443	34.08
7	Unruh G. C. (2000)	西班牙	《能源政策》(Energy Policy)	441	27.56

序号	作者及年份	国家	期刊	被引次数	年均被引次数
8	Giorgi F.，Mearns L. O. (1991)	美国	《地球物理学评论》(*Reviews of Geophysics*)	426	17.04
9	Duarte C. M.（2002）	西班牙	《环境保护》(*Environmental Conservation*)	397	28.36
10	Arnold J. G.，Fohrer N. (2005)	美国	《水纹过程》(*Hydrological Processes*)	396	36.00

注：国家为第一作者的第一单位所在的国家。

八、合作情况

随着气候变化综合评估模型领域的研究规模不断扩大，领域内的合作关系也更加密切。在研究科学合作时，最常用的指标是合作度（魏一鸣等，2013b）。合作度分为作者、机构和国家三个层面，分别指某领域中文章的作者、机构或国家的平均个数，具体定义如下：

作者合作度：

$$C_A = \frac{\sum_{i=1}^{N} \alpha_i}{N} \tag{2-2}$$

机构合作度：

$$C_I = \frac{\sum_{i=1}^{N} \beta_i}{N} \tag{2-3}$$

国家合作度：

$$C_C = \frac{\sum_{i=1}^{N} \gamma_i}{N} \tag{2-4}$$

式中：C_A、C_I 和 C_C 分别表示作者合作度、机构合作度和国家合作度；α_i、β_i 和 γ_i 分别表示每篇文章的作者数、机构数和国家数；N 表示该领域的文章总数。根据上述公式的定义，分别计算气候变化综合评估模型领域三个层面的合作度(图2-3)。从图中可以看出,三个层面的合作度都呈现上升趋势,表明此领域的研究规模不断扩大,合作关系更加密切。

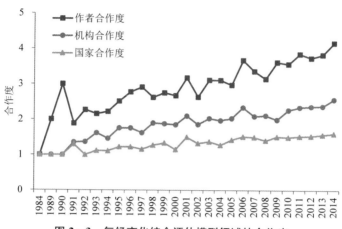

图2-3 气候变化综合评估模型领域的合作度

九、国家水平

为了分析中国在气候变化综合评估模型领域的科研水平,本书遴选了论文数、篇均被引次数、高被引论文数(前100名)、高产作者数(前100名)、高产机构数(前100名)及高产期刊数(前100名)六个指标来反映国家在此领域的研究能力。

采用标准分统计方法得到各国在六个指标上的标准分,各国的综合得分为六个指标标准分之和。每个国家的指标标准分计算方法如下:

$$T_{ij} = \frac{x_{ij} - \overline{x_j}}{\sqrt{\dfrac{\sum_i (x_{ij} - \overline{x_j})^2}{M}}} + 1 \qquad (2-5)$$

$$T_i = \sum_j T_{ij} \qquad (2-6)$$

其中,T_{ij} 表示第 i 个国家,第 j 个指标的标准分;x_{ij} 表示第 i 个国家,第 j 个指标的原始分;$\overline{x_j}$ 表示第 j 个指标,所有国家的平均分;M 表示国家总数;T_i

表示第 i 个国家的综合得分。表 2-5 展示了发文量前十名国家的综合评分以及各指标的标准分。美国依然是此领域综合研究实力最强的国家,在文献数、高被引论文、高产作者和高产机构四个领域均获得最高分。中国排第九位,也是前十名中唯一的发展中国家。

表 2-5 气候变化综合评估模型领域的国家综合研究实力分析

序号	国家	文献数	篇均被引次数	高被引论文	高产作者	高产机构	高产期刊	综合评分
1	美国	3.68	1.55	3.53	3.60	3.69	2.37	**18.41**
2	英国	1.54	2.22	1.86	1.00	1.40	2.93	**10.95**
3	荷兰	0.76	2.32	0.91	1.09	1.00	1.87	**7.96**
4	德国	0.86	1.77	0.97	1.45	0.84	0.75	**6.63**
5	加拿大	0.56	1.14	0.69	0.46	0.68	0.39	**3.93**
6	澳大利亚	0.63	0.23	0.35	0.46	0.68	0.39	**2.75**
7	法国	0.48	0.70	0.52	0.28	0.45	0.32	**2.75**
8	西班牙	0.33	0.86	0.52	0.19	0.29	0.32	**2.52**
9	中国	0.75	−0.73	0.35	1.00	0.60	0.32	**2.31**
10	意大利	0.42	−0.07	0.30	0.46	0.37	0.32	**1.80**

法国和西班牙在此领域研究实力比中国略高,为此本书开展了其与中国的比较研究(图 2-4)。中国文献数、高产作者及高产机构均高于法国和西班牙,说明中国在此领域已具备了一定的科研规模。但是,中国的被引频次和高被引论文数均低于法国和西班牙。更具体地,中国篇均被引次数只有 12,远低于其他国家,位于表中十个国家的末位,说明中国在此领域产出的质量可能偏低。而且,中国高产期刊数为零。在发文量最多的前 100 个期刊的所属地中,英国、美国、荷兰和德国分别占据了 37、29、22 和 6 个,共 94 个。这四国也是发文量最多以及综合研究实力最强的四个国家。拥有大量该领域期刊是这些国家在气候变化综合评估模型领域实力强劲的一个重要原因。中国很有必要创办此领域的高影响力期刊。

恶程度;(3)人类对社会福利的时间偏好(Heal and Kristrom,2002)。

表 2 - 6 气候变化综合评估模型中的不确定性

模型	模型种类	不确定性 分析方法	不确定性因素	参考文献
CETA	最优化 模型	不确定性下的 连续决策	CO_2 浓度加倍对气 温的影响; 损失函数的能级参 数; 损失函数的动力参 数	Peck and Teisberg, 1993b
DICE	最优化 模型	不同情景下蒙 特卡洛模拟; 不确定性下的 连续决策	人口增长率; 生产率增长; 贴现率; 损失函数截距; 气候-温室气体敏 感性; 减排成本函数截距; 大气滞留率	Nordhaus,1994b
FUND	最优化 模型	蒙特卡洛模拟; 选取参数扩展	社会经济驱动因素; 碳循环/气候; 气候变化影响; 减排量	Tol,1997a
MERGE	最优化 模型	不确定性下的 连续决策	高损失和低损失的 情景	Manne and Richels, 1995
ICAM - 2	模拟模型	不确定性的扩 展	决策准则和指标; 模型结构	Dowlatabadi et al., 1994
PAGE	模拟模型	扩展输入变量 的不确定性; 投入产出的局 部等级系数	80 个不确定参数; 控制成本; 适应成本; 影响评估	Plambeck and Hope, 1996

资料来源:改编自 Kann and Weyant(2000)。

二、公平性

　　气候变化和温室气体减排的影响会延续几个世纪乃至上千年,因此这涉及当代人和后代人福利的权衡问题,即代际公平性。此外,应对气候变化具有很强的外部性,需要全世界所有国家的共同合作,这涉及不同国家或地区之间应对气候变化责任分担的问题,即区域公平性。

气候变化是一个长期的问题,因此综合评估模型在评估社会福利、收入或成本时,必须设法评价不同时间段的收益与亏损。综合评估模型中,衡量代际公平性最主要的工具是贴现率(discount rate)。

拉姆齐最早在讨论社会最优储蓄时提出贴现率的决定式,即拉姆齐等式(Ramsey,1928)。根据拉姆齐等式,贴现率取决于三个参数:纯时间偏好率(rate of pure time preference)、边际效用弹性(elasticity of marginal utility)和人均消费增长率(growth rate of consumption per capita)。拉姆齐等式具体如下所示:

$$r = \rho + \eta g \tag{2-7}$$

其中,r 为贴现率,ρ 为纯时间偏好率,η 为边际效用弹性,g 为人均消费增长率。

ρ 是度量在不考虑未来社会可能获得的资源和机会的条件下,后代福利相当于当代福利的参数,它以单位时间的百分率表示(Nordhaus,2007)。纯时间偏好率越大,代表越不重视后代因气候变化引起的损失以及当代通过减排给后代带来的收益。ρ 和 r 的区别在于:ρ 是用来对效用进行贴现,例如未来 t 期的效用 $U(t)$ 在当期的效用即 $U(t)e^{-\rho t}$;而 r 则是对消费进行贴现。η 衡量的是边际效用对人均消费变化的弹性,反映随着社会更加富有(或人均消费增加)边际效用递减的程度。边际效用弹性越大表示越重视穷人权益,在正的人均消费增长率情况下,未来人们会变得更加富有,而当代人消费水平最低,因此 η 越大越有利于当代人消费。g 通过其符号和大小影响贴现率的取值。如果人均消费没有增长,那么社会时间偏好率等于纯时间偏好率;如果预期消费会增长,那么社会时间偏好率会高于纯时间偏好率(刘昌义,2012)。

r 的大小对模型的结果及其政策含义至关重要,贴现率大小稍有不同,模型便得会出大相径庭的结果,由此得到的气候政策行动建议也可能截然相反。对气候政策建模中应该采用怎样的贴现率,各家争论不一。持不同意见的经济学家可分成两派:伦理派(prescriptionist)和市场派(descriptionist)(Arrow et al.,1996;刘昌义,2012)。伦理派强调公平,从伦理的角度出发考虑贴现率(prescriptive approach),主张很低甚至为零的 ρ,以及较低的 η,从而得出较低的 r。低贴现率使得未来气候变化引起的损失贴现到当今会很大,因此伦理派在气候政策上主张立即大幅减排。例如,《斯特恩报告》中 PAGE 模型采用了较低的贴现率 1.4%,支持立即采取大幅减排的策略。此报告认为如果现在采取行动进行减排,那么只需花费约 1%的全球 GDP 就可以将温室气体浓度控制在 500~550 ppm CO_2 当量;而如果现在不采取行动,那么全球变暖可能导致全球 GDP 损失 20%,甚至更多(Stern,2007)。

市场派强调效率,主张根据市场中消费者行为和资本的真实回报率(采用生产者利率或消费者利率)来决定贴现率,实现社会资源最大化(descriptive approach)。市场派使用的 ρ 以及 η 都比较高,因此 r 也相对较高。较高的贴现率使得未来气候变化引起的损失贴现到当今没有伦理派的结果那么高,因此市场派在气候政策上主张渐进式采取行动,即先缓慢减排,然后逐步加大力度。例如,DICE 模型采用的贴现率为 5.5%,认为到 2100 年,全球 CO_2 浓度会达到 685 ppm(全球气温相对 1990 年升高 3.1℃)只会造成全球总产出 3%的损失;到 2200 年,全球气温相对 1990 年升高 5.3℃也只会造成全球总产出 8%的损失(Nordhaus,2008)。

目前,大多数关于综合评估模型的研究为了简化起见把贴现率设为外生的固定值,而近期的一些研究则认为需要采取动态的贴现率,且长期的贴现率会随时间下降至最小值。《斯特恩报告》指出贴现率是依赖于消费增长的,因此长期的贴现率并非某个固定值(Stern,2007)。如果未来消费下降,贴现率可以为负;如果不平等随时间扩大或者未来不确定性增加,贴现率都会下降。DICE-2007模型采用的纯时间偏好率为 1.5%,边际效用弹性为 2,人均消费年增长率开始为 1.6%，在 400 年的时间里逐渐降为 1%（Nordhaus，2008）。因此，DICE - 2007 的贴现率从 2005 年的 4.7 逐渐降为 2405 年的 3.5。目前，一些代表学者认同的贴现率如表 2 - 7 所示。

表 2 - 7 气候变化综合评估模型领域的贴现率

	代表学者	ρ	η	g	r	参考文献
静态贴现率	克莱因	0	1.5	1.3%*	1.95%**	Cline，1992
	诺德豪斯	3%	1	1.3%*	4.3%**	Nordhaus，1994b
	斯特恩	0.1%	1	1.3%	1.4%	Stern，2007
	达斯古普塔	≈0	[2，3]	1.3%*	[2.6%，3.9%]**	Dasgupta，2008
	埃登霍费尔	1%	3.1**	1.3%*	5%	Edenhofer et al.，2006
动态贴现率	诺德豪斯	1.5%	2	1.6%→1%	4.7%→1.6%	Nordhaus，2008
	威兹曼	0	3	2%	6%→最小值	Weitzman，2010
	戈利耶	2%	2	2%	5%→最小值	Gollier，2010

注：* 对于未给出 g 取值的，都借鉴《斯特恩报告》的 1.3%；** 是作者根据 $g = 1.3\%$ 计算出来的结果；"→"表示随时间下降；[2，3]表示 2 到 3 闭区间。

区域公平性是指同一时代区域间福利的权衡问题，一般指国家之间应对气候变化的责任分担问题，如各国的减排目标设定、排放配额分配等。综合评估模型中，区域社会福利的权重是体现区域公平性很重要的参数。目前，多数模型将各国（或区域）的社会福利等权重的相加获得全球社会福利，并在全球社会福利最大化的目标下，确定减排目标。但是由于各区域对收入的边际效用是相同的并且递减的，该方法导致模型将发达地区的收入转移到欠发达地区来增加全球总效用，比如对某些区域分配特定的损失和减排成本、区域间的技术转让、区域间的资金转移以及区域间的排放配额交易等区域间的转移机制（Stanton et al.，2009）。

为了克服边际效用递减带来的"问题"，一些模型开始使用根岸（Negishi，1972）提出的根岸福利权重（Kypreos，2005；Peck and Teisberg，1995；Yang and Nordhaus，2006）。根岸权重的计算过程非常复杂，其核心是：由于欠发达地区的边际资本产出高于发达地区，因此给予发达地区较高的福利权重，使各区域的资本边际产出在形式上是相等的，这样便不会发生收入转移。

三、技术进步

技术进步是决定未来能源需求水平、碳排放和气候变化影响的关键因素（Nakicenovic et al.，1998），衡量技术进步的方法会对气候政策的评估结果产生巨大的影响，因此合理衡量技术进步是综合评估模型中的关键问题之一。表 2-8 总结了一些综合评估模型的技术进步建模方法。目前绝大多数综合评估模型将技术进步视为外生因素，而气候政策对技术进步的速度和方向影响较大，但这些模型尚未考虑气候政策和技术进步的关联性（Popp，2004）。

技术进步的外生化主要有两类方法：一是通过外生设定一系列具体技术，实现成本-效益的改进。二是将技术进步、资本和劳动力（有时会包含能源或电力）作为经济产出的生产要素；技术作为一个单独的系数包含在这些宏观经济模型中，比如全要素生产率作为自主式能源-效率增长（AEEI）随时间提高，比如 MERGE（Manne et al.，1995）、CETA（Peck and Teisberg，1992）、DICE（Nordhaus，1992a）和 RICE（Nordhaus and Yang，1996）等模型。

一些学者尝试内生化技术进步，主要可以分为三种途径，包括直接价格诱导（direct price-induced）、研发诱导（R&D-induced）和学习诱导（learning-induced）（Gillingham et al.，2008）。直接价格诱导的技术进步是指价格变化可以刺激创新以减少高成本投入（如能源）的使用。在综合评估模型中，如果能源价格上涨，直接价格诱导的技术进步会提高能源效率，通常是通过一个与价格相关的生产力参数或者节能技术扩散实现。比如，在 ICAM 中，如果预期能源价格会上涨,便会诱发技术进步(Dowlatabadi,1998)。研发诱导的技术进步是指研发投入可以影响技术进步的速度和方向,是最常用的一种技术进步内生化途径。不同结构的气候政策模型将会选择不同的研发诱导的技术进步(Gillingham et al.,2008)。学习诱导的技术进步是指某一特定技术的单位成本是该技术经验的递减函数。这类途径中最常用的方法是干中学(LBD),即假设某种技术的单位成本是它的累计产量的递减函数。

如上所述,综合评估模型领域已经发展了一些技术进步内生化方法,但是每种方法都有缺陷,且均没有得到普遍认可。未来,技术进步内生化建模研究需要着重考虑三方面问题:如何衡量递增收益?包含多少技术细节?如何衡量宏观反馈?

第一,如何衡量递增收益是技术进步内生化面临的首要问题。为了保证唯一的均衡解,大部分模型尤其是一般均衡模型均假设规模收益递减。这一假设在资源型产业中也许是合适的,但是在气候变化领域所涉及的新型技术型产业中存在不妥。考虑递增收益可以更真实地刻画减排和经济增长情景。

第二,包含多少技术细节是技术进步内生化面临的第二个抉择,例如模型中包含多少区域、行业、能源、减排技术和终端使用等。技术越详细,模型便越精确;但是详细程度超过一定限制后,便会带来数据可获得性、伪精度、透明度等考验。

第三,如何衡量经济生产率下降带来的宏观经济影响是技术进步内生化面临的另一个抉择。常用的方法是把减排成本当作纯收入损失(例如 DICE、RICE 模型),但是这种方法有两个需要进一步探讨的地方。首先,将减排成本作为净损失而不产生收益,但许多减排成本并不是这种模式,比如部分减排投资可以提供工作岗位、提高生产效率等。其次,将减排成本视为经济损失,相对于经济损失,减排成本更像是资本的增加(Stanton et al.,2009)。

表 2-8　气候变化综合评估模型技术进步的衡量方法

模型	模型种类	技术进步方式	参考文献
DICE	最优化模型	外生	Nordhaus, 1992a
RICE	最优化模型	外生	Nordhaus and Yang, 1996
GREEN	可计算一般均衡模型	外生	Burniaux et al., 1992
ETC-RICE	最优化模型	研发诱导	Buonanno et al., 2003
R&DICE	最优化模型	研发诱导	Nordhaus, 2002
ENTICE	最优化模型	研发诱导	Popp, 2004
GET-LFL	最优化模型	学习诱导	Hedenus et al., 2006
FEEM-RICE	最优化模型	学习诱导/研发诱导	Bosetti et al., 2006
ICAM-3	模拟模型	学习诱导/直接价格诱导	Dowlatabadi, 1998

注：直接价格诱导、研发诱导、学习诱导为内生技术进步。

四、减排机制

降低温室气体排放以减缓气候变化的观点已经被普遍接受,但是采取什么机制进行减排却有颇多争议。温室气体减排机制主要包含三种：行政管制(command-and-control mechanisms)、数量机制(quantity-based mechanisms)和价格机制(price-based mechanisms)。

第一,行政管制是指政府采用行政手段进行强制减排。这种方法可以有效地降低温室气体排放,但会导致效率损失。因此,综合评估模型研究主要围绕价格机制和数量机制进行讨论。

第二,数量机制是指为不同的参与者(国家、行业、企业或个体等)设定排放限额,并允许排放配额交易。其特点是可以直接确定减排水平,但是对于碳价是无法确定的。数量机制要实现减排成本最低,一个关键因素是允许配额交易。自行减排成本比购买配额成本高的参与者,会尽量少减排而购买配额;自行减排成本比购买配额低的参与者,会尽量多减排而出售配额。

第三,价格机制是指不同参与者(国家、行业、企业或个体等)需要对自己的碳排放支付一定的排放税。其特点是可以控制碳价,从而间接地控制减排水平。由于只有能够以低于碳税的成本进行减排的参与者才会进行排放,因此价格机制得到的减排水平是最低成本的(Pizer,2001)。

关于数量机制和价格机制的有效性比较受到广泛关注。从政治、法律和税收等角度分析的学者一般支持数量机制,而基于气候政策模型,从成本效益角度分析的学者则认为价格机制更有效。威兹曼(Weitzman,1974)提供了比较两者有效性的方法:如果边际成本函数的斜率比边际收益函数斜率的绝对值大,那么价格机制更有效;反之,数量机制更有效。诺德豪斯(Nordhaus,2006)基于 RICE 模型对两者在不确定性条件下的碳价波动性、透明度、易于操作性等方面进行了比较,认为价格机制在气候变化领域更有效。皮泽(Pizer,2002)使用随机可计算一般均衡模型,考虑了气候变化潜在的长期损失和温室气体减排成本,发现最优的价格机制方案的福利是最优的数量机制方案的五倍,得出了价格机制更有效的结论。

此外,一些学者提出了混合机制(hybrid mechanism),即综合使用数量机制和价格机制。参与者会被设定数量目标,他们既可在交易市场里购买配额,也可以特定的闸门价格向政府购买配额;基于随机可计算一般均衡模型的结果显示,混合机制方案比单纯的数量机制和价格机制方案有巨大的效率改进(Pizer,2002)。表 2-9 对比了四种减排机制的定义和特点。

表 2-9　温室气体减排机制的比较

机制	定义	具体方法	特点	案例
行政管制	政府采用行政手段强制减排	行政命令	见效快,市场效率低	政府强制淘汰落后产能
数量机制	为参与者设定排放限额,并允许排放配额交易	限额交易系统(cap-and-trade)	减排量一定,碳价不定	《京都议定书》、欧盟碳市场、中国碳市场
价格机制	参与者对自身碳排放交税	碳税或排放税	碳价一定,减排量不定	欧盟航空碳税、澳大利亚碳税法案

续表

机制	定义	具体方法	特点	案例
混合机制	综合数量机制和价格机制	可在交易市场购买配额，也可以特定价格向政府购买	综合数量机制和价格机制优点，效率大幅提高	（Pizer，2002）

第三节　气候变化综合评估模型研究方法

通过分析关键词词频，本书总结出气候政策建模领域最常用的16类模型方法（图2-6和2-7）。从图2-6可以看出，气候变化综合评估模型最常用的方法是最优化模型、可计算一般均衡（CGE）模型和模拟模型。

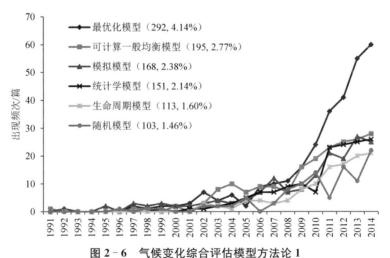

图2-6　气候变化综合评估模型方法论1
注：括号内数字表示该研究热点关键词出现的总频次及占全部文献比例。

一、最优化模型

气候政策涉及诸多最优化问题，如温室气体减排目标（HaDuong et al.，1997；O'Neill et al.，2010；Tol，2002）、温室气体减排路径（Nordhaus，1992b；

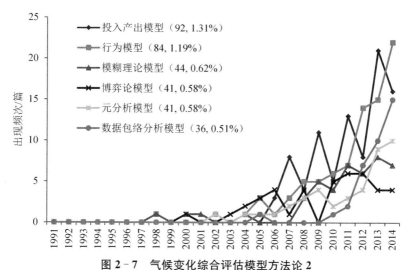

图 2-7　气候变化综合评估模型方法论 2
注：括号内数字表示该研究热点关键词出现的总频次及占全部文献比例。

Peck and Teisberg，1993a）、温室气体分配方案（Persson et al.，2006；Vaillancourt and Waaub，2006）、温室气体减排成本（Pearce，2003）、碳税（Brannlund and Nordstrom，2004；Roughgarden and Schneider，1999）、碳价（Mi and Zhang，2011；Van't Veld and Plantinga，2005）等，因此，以最优化模型为框架的综合评估模型数量颇丰。

　　最优化模型按其目标函数可以分为福利最大化模型和成本最小化模型。福利最大化模型的逻辑基础是生产带来消费，同时带来排放；排放引起气候变化，进而产生损失，降低消费。福利最大化模型是通过选择每个时期的减排量，最大化整个时间内贴现的社会福利。这些模型中，消费的边际效用都是正的，但随着社会变得富有而递减。DICE、RICE、FUND 等模型都是福利最大化模型。福利最大化模型的关键问题之一是社会福利的选取，大多数模型都定义个人的福利为人均消费（或收入）的对数，如以下公式所示：

$$u = \log\left(\frac{C}{L}\right) \tag{2-8}$$

$$U = L \times u = L \times \log\left(\frac{C}{L}\right) \qquad (2-9)$$

其中,u 为个人福利,C 为社会总消费,L 为社会总人口,U 为社会总福利。

成本最小化模型是寻找成本-效率最高的模型。有些成本最小化模型明确地包含气候模块,而有些模型只是选择排放代表气候模块。GET-LFL 模型(Hedenus et al.,2006)便是成本最小化模型。

二、可计算一般均衡模型

可计算一般均衡模型以微观经济主体的优化行为为基础,以宏观与微观变量之间的连接关系为纽带,以经济系统整体为分析对象,能够描述多个市场及其行为主体间的相互作用,进而评估政策变化所带来的各种直接和间接影响。这些特点使可计算一般均衡模型在气候政策分析中迅速发展,得到了广泛的应用与认同(Liang et al.,2007)。可计算一般均衡模型被用于分析气候政策的影响,关注的焦点包括:减排的经济成本和为实现某一减排目标所必需的碳税水平;碳税收入不同使用方式对社会经济系统的影响;减排政策对不同阶层收入分配的影响、对就业的影响、对国际贸易的影响等;减排政策对公众健康和常规污染物控制的共生效益;减排政策灵活性对温室气体减排的效果及相应的社会经济成本等(王灿等,2003)。

三、模拟模型

模拟模型是基于对未来碳排放和气候条件预测的模型。模拟模型通过外生的排放参数决定了未来每个时期可用于生产的碳排放量,所以气候结果不受经济模块的影响。尽管模拟模型无法回答哪个气候政策能最大化社会福利或最小化社会成本,但是可以评估在未来各种可能的排放情景下的社会成本(Stanton et al.,2009)。实际上,气候政策评估涉及环境科学、大气科学以及生态学等自然科学,需要对物理世界进行模拟;另外,气候政策一般是长期性的,需要对未来发展情景进行模拟,因此模拟模型也是气候政策评估领域的重要模型方法。

　　气候变化综合评估模型按其区域划分可分为全球模型和区域化模型。全球模型是指把全球当作一个整体的模型,区域化模型指将全球分为若干区域的模型。表 2 - 10 总结了目前国际上主流的气候变化综合评估模型。附录一对国际上有较大影响力的气候变化综合评估模型进行了介绍。

表 2 - 10　气候变化综合评估模型分类

模型方法	全球模型		区域化模型	
	模型	参考文献	模型	参考文献
最优化模型	DICE	Nordhaus,1992a	RICE	Nordhaus and Yang,1996
	ENTICE	Popp,2004	FUND	Tol,1997b
	DEMETER - 1CCS	Gerlagh,2006	CETA	Peck and Teisberg,1992
	MIND	Edenhofer et al.,2006	MERGE	Manne et al.,1995
	GET - LFL	Hedenus et al.,2006	GRAPE	Kurosawa,2004
			PRICE	Nordhaus and Popp,1997
			FEEM - RICE	Bosetti et al.,2006
			DNE21+	Sano et al.,2005
			MESSAGE - MACRO	Rao et al.,2006
			DIAM	Grubb,1997
可计算一般均衡模型	JAM	Gerlagh,2008	GTAP - E	Burniaux and Truong,2002
	IGEM	Jorgenson et al.,2004	MIT - EPPA	Jacoby et al.,2006
			CEEPA	Liang and Wei,2012
			AIM	Kainuma et al.,1999
			GREEN	Burniaux et al.,1992
			Global2100	Manne and Richels,1992
			SGM	MacCracken et al.,1999

续表

模型方法	全球模型		区域化模型	
	模型	参考文献	模型	参考文献
模拟模型			PAGE	Hope et al.，1993
			ICAM-1	Dowlatabadi and Morgan，1993b
			IMAGE	Rotmans et al.，1990
			E3MG	Barker et al.，2006
			GIM	Mendelsohn and Williams，2004

第四节　气候政策评价准则

积极采取措施应对气候变化已经成为社会共识,但如何评价并选择气候政策却存在很大争议。气候政策的选择是一个多目标问题,存在多重评价准则。菲利伯特和珀欣(Philibert and Pershing,2001)在评价温室气体减排政策时选择了环境有效性、成本有效性、可持续发展贡献性和公平性等准则。阿尔迪等(Aldy et al.,2003)在评价全球气候政策机制时选择了环境产出、动态效率、动态成本有效性、分配公平性和灵活性等准则。科尼达里和马夫拉基斯(Konidari and Mavrakis,2007)在评价气候变化减缓政策时选择了环境绩效、政治可接受性和实施可行性等准则。本书总结了目前气候政策选择中常用的七种评价准则:环境有效性、成本有效性、代际公平性、区域公平性、体制可行性、技术可行性和伦理道德性。

一、环境有效性

环境有效性是指气候政策实现既定的环境目标或正面环境产出的程度。如果某一气候政策比其他政策可以更好地实现环境目标,那么这一政策便具有较高的环境有效性。气候政策的设计、执行、参与、严格程度和服从程度等因素都会影响环境有效性。比如,针对全部温室气体和所有部门的气候政策比只针对个别温室气体或个别部门的气候政策更具有效性(IPCC,2007b)。

气候政策的核心目标是减缓与适应气候变化,但是往往还会带来附加的环境收益,比如降低大气污染物、固体废物、废水等。因此,在评价气候政策的环境有效性时,要综合考虑减缓气候变化带来的直接收益以及附加的间接收益。研究表明美国的温室气体减排政策可以降低传统空气污染物的排放,25美元的碳税可以带来12~14美元的附加环境收益(Burtraw et al.,2003)。

碳泄漏是影响气候政策环境有效性的一个重要因素。碳泄漏,是指一个地区的温室气体减排引起其他地区排放量的增长,这些地区的总排放量反而提高。由于各国会根据国情选择不同的减排目标和减排政策,所出现的政策非双边性导致各国的规制水平不一样,从而产生碳泄漏问题。碳泄漏可能使实际的碳减排量减少,从而影响气候政策的环境有效性。碳泄漏大都是由相对竞争力的变化驱使的,包括三个方面:一是减排国家减少化石能源的需求量,导致能源价格的下降,从而非减排国家有可能扩大对化石能源的需求,增加温室气体排放;二是减排国家的碳密集行业的生产成本增加,导致非减排国家的产品获得比较优势,从而使其碳密集型产品生产增加,增加温室气体排放;三是减排国家将本国碳密集型行业的投资转向政策宽松国(傅京燕和余丹,2012)。

很多学者主张利用碳泄漏来衡量气候政策的环境有效性。费舍尔和福克斯(Fischer and Fox,2012)利用碳泄漏率来衡量气候政策的环境有效性,结果表明相对的减排率、替代弹性和消费总量都会影响气候政策的环境有效性。安蒂米亚尼等(Antimiani et al.,2013)利用GTAP-E模型评估了一些旨在降低碳泄漏的气候政策的环境有效性,结果表明单边的气候政策很难降低碳泄漏,环境有效性较低;而全球合作政策能显著降低碳泄漏,环境有效性较高。

二、成本有效性

成本有效性是指气候政策以最低社会成本完成既定目标的程度。由于资源是有限的,因此成本有效性是气候政策选择的一个关键标准。气候政策的成

望被国际社会接受(Cazorla and Toman,2000)。表 2-11 展示了具有代表性的温室气体排放配额分配原则。

表 2-11　温室气体排放配额分配原则

原则	解释	责任分担规则	特点
平等主义原则	所有人拥有平等的大气使用权利	按各区域人口的比例分配排放配额	人口较少的国家收益较少
国土面积原则	单位面积的大气资源使用权相等	按区域面积分配碳排放配额	国土面积小的国家收益较少
支付能力原则	支付能力越大,承担责任越大	排放配额与人均 GDP 成反比关系	各国经济形势不同,历史排放权未界定
祖父原则	当前排放或基准年排放决定未来排放权	排放配额按各个区域基准年的排放量占全球排放水平的比例分配	各地区保持经济的稳定性,避免了大幅度减排导致的经济衰退;但对排放量少的国家不公平
最大-最小原则	最大化最贫穷国家的利益	将绝大部分责任分配给较富裕国家	极大保证了最贫穷国家的利益
市场公正原则	市场是公平的,最大化利用市场	将配额分配给最高竞价者	保证市场公平,但对支付能力弱的区域不公平
补偿原则	"赢家"应该补偿"输家",使得没有国家被"变坏"	排放配额的分配使得所有国家福利增加	一种帕累托法则
共识原则	寻求可以促进稳定的政治解决方案	配额排放方案使多数国家满意	保证国际谈判公平
污染者支付原则	根据排放(可以包含历史排放)分配减排责任	按各国的排放水平分配减排责任	对排放较高国家不利

　　资料来源:根据 IPCC(2007b)、Cazorla and Toman(2000)和 Rose et al.(1998)整理。

五、体制可行性

　　体制可行性是指气候政策对社会体制现状的符合程度。传统的经济学方法是在理想状态假设下评估气候政策,但这些假设在现实社会中很难被满足。从体制惰性和体制学习的时间要求角度出发,采取渐进式气候政策,即先缓慢减排,然后逐步加大力度是比较可行的气候政策情景(Nordhaus,2001)。事实上,具备体制可行性的气候政策应该与政治现实、法律制度和文化传统相适应。

政治现实是影响气候政策能否被接受以及能否实现预期目标的重要因素。达拉塔巴迪(Dowlatabadi,2000)强调气候政策在区域层面上对政治的可行性非常敏感,这会威胁到全球减排目标的实现;并且定量分析了在不确定性风险下全球实现 2℃ 目标的可能性。博塞蒂和弗兰克尔(Bosetti and Frankel,2009)认为政治约束是实现全球减排目标的一个主要障碍,指出在现有的政治约束条件下,不可能实现 380 ppm 的 CO_2 浓度目标。

合理的气候政策需要符合法律约束。一方面,国际上已经有很多气候变化相关的法律或公约,比如《联合国气候变化框架公约》《京都议定书》及巴厘岛路线图等。《联合国气候变化框架公约》和《京都议定书》是国际合作应对气候变化的基本框架和法律基础,凝聚了国际社会的共识,因此气候政策的制定与选择应该是符合这些法律约束的。此外,许多国家积极开展气候变化立法。比如,英国发布《气候变化法》草案以指导英国的减排行动;美国、日本、澳大利亚、欧盟等都相继颁布气候变化相关的法律;中国也先后出台了部分法律法规,在温室气体减排和增强气候变化适应性等方面产生了积极的效果。尽管各国在气候变化立法中取得了较好进展,但气候变化领域的法律机制仍需进一步完善。

受文化与传统影响,不同地区对同一气候政策的态度存在明显的差异。人类活动的差异性和文化的差异性都会给气候政策带来不确定性(Van Asselt and Rotmans,2002)。"知识-无知悖论"(即某一专门知识的发展会导致"无知"的增多)被用于研究个人和社会动机、制度决策、社会文化和技术对产生"无知"的作用,同时比较分析了为何臭氧层空洞问题能被公众广泛接受,而气候变化问题却始终存在争议(Ungar,2000)。"文化回路"模型被提出,从文化视角来分析气候变化风险认知,通过对英国 1985—2003 年间报纸报道数据库的研究,发现英国对气候变化的风险认知存在三个明显的文化回路(Carvalho and

Burgess，2005）。

六、技术可行性

技术可行性是指气候政策对目前技术水平的符合程度。技术可行性是决定气候政策能否被采纳和实施的重要因素之一，因此气候政策的选择必须考虑技术可行性。

关于大气 CO_2 浓度控制在 550 ppm 水平的技术可行性，一直存在争议。霍夫特等（Hoffert et al.，2002）指出 IPCC 第三次评估报告的减缓情景没有充分评估技术可行性；而且，在现有的可操作技术条件下，将 CO_2 浓度控制在 550 ppm 水平是不可能实现的。但是，IPCC 报告第三工作组的作者却认为综合利用现有的技术、能源效率改进措施以及非能源措施，550 ppm 的目标是可以实现的（Swart et al.，2003）。另外一些学者基于模型讨论了控制 CO_2 浓度的技术可行性，并给出了具体的技术路线。基于 MESSAGE 模型的研究分析了在不同情况（包括对核能、生物质能和碳封存技术等的限制）下，控制 $400\sim450$ ppm CO_2 浓度的技术可行性（Nakicenovic and Riahi，2003）。阿扎尔等（Azar et al.，2003）提出采用高度依赖生物质能、碳捕集和封存技术的技术路线，可以实现 $350\sim450$ ppm 的控制目标。

七、伦理道德性

伦理道德性是指气候政策的伦理道德符合程度。气候变化是一个典型的"全球伦理问题"，主要包含对自然系统的态度、对后代人的态度以及对贫穷地区的态度（Wardekker et al.，2009）。

气候变化对社会系统（市场损失）和自然系统（非市场损失）会产生影响，因此需要权衡社会系统和自然系统之间的利益。沃德克等（Wardekker et al.，2009）研究了美国基督教组织对气候变化的道德态度，发现美国对气候变化有三种道德态度：保护主义（保存地球的原貌）、发展主义（将地球发展为适宜人类居住的乐园）和综合主义（保护和发展相结合）。杰米森（Jamieson，1996）从道德角度反对通过"地球工程"改变气候。一方面，人类大规模地改变自然基本过程在道德上是错误的;另一方面,地球工程的目标是将全球气候系统还原到其"原始"状态,但"未受人类影响的气候系统"并未被清晰刻画,也就是说地球工程的目标是模糊的。潘家华(2012)也认为在具有巨大科学不确定性的情况下采取地球科学工程,不符合伦理学基础。

气候变化是一个长期的问题,因此需要权衡当代人和后代人之间的利益。当代人在道德上具有采取行动来降低后代人气候风险的义务,只要这种行动不会明显影响当代人的生活质量(Howarth and Monahan,1996)。

气候变化是一个全球性问题,因此需要权衡不同国家之间的利益。徐保风(2012)认为"共同但有区别的责任"是具有道德合理性的。首先,可持续发展是人类共同的责任,而"共同但有区别的责任"是符合可持续发展的。其次,历史责任原则是应对气候变化的基本道德原则。最后,"共同但有区别的责任"考虑到了发达国家和发展中国家的现实减排空间和能力,是减排行动付诸实践的现实基础。

伦理道德性是国际气候变化谈判中经常涉及的内容。目前,气候政策评价的伦理道德性研究主要来自于发达国家,常常具有宗教及西方文化色彩。但是,气候变化作为一个全球性问题,气候政策评价的伦理道德性应该以全球福利为出发点,充分考虑不同的国家和文化。

八、评价准则的相互关系

上述七种评价准则是既相互区别又具有统一性的矛盾体。不同评价准则的根本目标是一致的。虽然各种准则的侧重点不同,但是气候政策的出发点是一致的,即减缓与适应气候变化以降低气候变化带来的损失。不同评价准则之间也没有非常明确的划分,是存在重叠的。比如,伦理道德性的三个方面分别是对自然系统、后代人和贫穷地区的态度问题。其中,后两个问题与代际公平性和区域公平性在本质上是一致的;而对自然系统的态度问题涉及很多环境有效性问题。同时,不同评价是存在矛盾的。比如,环境有效性准则和成本有效性准则是互相冲突的。一般而言,实现更高的环境目标就需要付出更大的社会成本,可见,环境有效性的提高与成本有效性的实现是背道而驰的。

由于各国社会发展阶段、气候变化易损性及文化传统等方面都存在很大的差异,不同国家对气候政策的评价准则各有偏好。目前,国际气候变化谈判中,存在不同评价准则的竞争。第一,发达国家更强调环境有效性,而发展中国家更强调成本有效性。这是因为发达国家工业化程度较高,具有较高的技术水平及生活水平,在气候政策的选择上相对更强调环境有效性;而发展中国家工业化程度较低,发展经济与消除贫困是它们的首要目标,在气候政策的选择上也就更强调成本有效性。第二,发达国家和发展中国家在资金转移及技术转让方面存在区域公平性的争议。由于发达国家发展起步早,其在实现工业化、现代化的过程中,掠夺了世界资源,排放了大量温室气体,对全球气候变化负有很大的历史责任,因此发展中国家认为发达国家应无偿提供应对气候变化的资金,转让相关高新技术。第三,各国在全球温升控制目标方面存在代际公平性的争议,全球温升控制目标是国际谈判中的重要议题,目标温度确定得越低,意味着越重视后代人的福利,因此这是代际公平性问题。

目前,大多数的气候政策研究在评价准则上各有偏好,鲜有研究综合考虑多种评价准则。理想的气候政策方案是能够综合各种准则,即充分考虑当代与后代、区域间以及人与自然间的公平,符合政治现实、法律制度和文化传统等体制约束,在可获得的技术水平下,以最低的社会成本实现最大程度的环境改善。虽然现实中这种理想政策很难实现,但是各国政府、国际组织及国际机构还是应该共同努力,通过相互合作,充分平衡各种评价准则之间的关系。

第五节 小结：综合评估模型的重要性

综上所述,气候变化综合评估模型是一个多学科交叉的研究领域。一方面,全球气候系统极其复杂,影响气候的因素诸多,涉及太阳辐射、大气构成、海洋和陆地等方面,而目前人类对气候变化的原因、机理以及未来趋势的认识还不足,存在较大不确定性。另一方面,气候变化与社会经济活动密不可分,化石燃料使用、土地利用变化等人类活动会对全球气候系统产生影响,进而影响社会经济系统。此外,气候变化从被公开提出时,就与政治密切相关,成为国际谈判和党派之争的重要筹码。气候变化已经从一个有争议的科学问题,转化为一个政治问题、经济问题以及环境问题,解决气候变化相关问题,要综合自然科学和社会人文科学的学科见解,系统阐明问题症结和解决方法,气候变化综合评估模型综合多学科知识的优势,集成了经济和气候系统,能够更精准评价气候政策。

当前,气候变化建模的学术前沿主要集中于西方国家。全球具有影响力的气候变化综合评估模型主要来自于发达国家,而多数发达国家也都有自己的综合评估模型,在制定国家气候政策以及应对国际气候变化谈判中发挥了巨大的作用。中国在气候变化自然科学研究领域已拥有了一定的科学积累,但在社会经济系统影响评估方面仍然相对薄弱,亟需从本国国情出发建立气候变化综合评估模型,为应对气候变化提供理论和数据支撑,提高中国在气候变化领域的话语权。

最优化和博弈论方法在气候变化综合评估模型中被广泛应用。由于气候政策涉及多目标优化问题,例如如何才能使社会福利最大化、减排成本最小化、环境保护最有效以及分配最公平等,使得最优化方法在气候政策建模中被广泛使用,具有国际影响力的 RICE、DICE、FUND 及 MERGE 等模型都是基于最优化方法。此外,虽然气候变化事关全人类的生存与发展,但国际气候变化谈判是一个博弈问题,各大利益集团都本着自我利益最大化进行角逐和博弈,而博弈论方法可用于模拟国际气候谈判,科学评估气候政策的影响。

了 137 个国家和地区的排放配额。结果表明,如果考虑历史责任,发达国家的配额将大幅减少。他们还提供了一种体现"公平但有区别责任"原则的分配机制。

然而,绝大多数基于公平性原则的责任分配方案都不是有效的。温室气体排放配额分配方案和实际需求之间存在差距。部分地区的配额无法满足其生产需求,而另一些地区的配额远高于其实际需求。例如,在人均历史累计原则下,发展中国家得到的配额较多,并不能完全使用;相反,发达国家得到的配额较少,不能满足其发展需求(Wei et al.,2014b)。而且不同地区的减排成本有很大差异。一般说来,发达国家的减排成本高于发展中国家。因此,区域间合作减排能够降低成本。

碳配额交易机制(cap and trade)能够显著提高分配方案的有效性(Carbone et al.,2009)。在这种机制下,初始配额由公平性原则确定,而区域间允许配额交易。配额不足、减排成本较高的地区可购买配额;相反地,配额充足、减排成本较低的地区可出售配额。这种方式将有效降低社会减排成本(Mizrach,2012;Pizer,2001)。欧盟碳排放交易体系(EU ETS)是一个成立较早、体量较大、运行较为成熟的碳交易市场。它是欧盟为实现《京都议定书》确定的碳减排目标于 2005 年建立的。它将减排目标分配给各成员国,各参与国必须通过自行减排或碳市场交易履行京都减量承诺。中国也非常重视碳市场的建立,已经在北京、上海、天津、重庆、广东、湖北、深圳七个省(直辖市),启动了碳排放权交易试点工作。2017 年,中国正式启动全国统一碳交易市场。

综上所述,为提高分配原则的有效性,本章将碳配额交易机制引入基于公平性原则的责任分配方案。本章主要目的是评估与比较不同公平性原则对全球社会经济系统的影响,包括支付能力原则、平等主义原则、祖父原则以及历史责任原则。

第二节 模型方法

一、责任分担规则

气候政策公平性包括三个层次的含义：公平性原则、责任分担规则以及具体指标。支付能力、平等主义、祖父原则及历史责任是四个公平性原则。它们需要转化为责任分担规则，并赋予具体指标，才能分配 CO_2 排放配额。值得注意的是，由于具体分配公式和参数设定的差异，一种公平性原则可以对应多种责任分担规则。例如，支付能力既可通过人均国内生产总值体现，也可选择人均国民生产总值作为指标。两个指标将会得到不同的支付能力原则对应的责任分担规则。

支付能力原则指根据经济状况使区域间的减排成本均等。人均 GDP（或 GNP）常被当作支付能力的指标。因此，CO_2 排放配额在这种原则下与人均 GDP 成反比。一个常用的公式为（Germain and Van Steenberghe，2003）：

$$e_i = H \times \frac{L_i \times \left(\frac{Y_i}{L_i}\right)^{-\lambda}}{\sum_{i=1}^{N}\left[L_i \times \left(\frac{Y_i}{L_i}\right)^{-\lambda}\right]} \qquad (3-1)$$

其中，e_i 是区域 i 的 CO_2 排放配额，H 是全球总排放配额，L_i 是基准年区域 i 的人口，Y_i 是基准年区域 i 的 GDP，λ 是外生参数（$0<\lambda<1$），N 是区域的数量。本章中，$\lambda=0.5$（Germain and Van Steenberghe，2003）。

平等主义原则指所有人拥有平等的大气使用权利（Baer et al.，2000）。因此，CO_2 排放配额在这种原则下按人口比例分配。

$$e_i = H \times \frac{L_i}{L_w} \qquad (3-2)$$

其中,L_w 是基准年全球总人口,L_i 是基准年区域 i 的人口。

祖父原则指当前排放或基准年排放决定未来排放权(Demailly and Quirion,2006),即基准年的 CO_2 排放量越高,未来的排放配额越多。因此,CO_2 排放配额在这种原则下按基准年排放量比例分配。

$$e_i = H \times \frac{E_i}{E_w} \tag{3-3}$$

其中,E_i 是基准年区域 i 的 CO_2 排放,E_w 是基准年全球总排放。

历史责任原则指在配额分配中考虑历史排放(Pan and Chen,2010)。如何度量历史责任一直是全球气候变化谈判的焦点之一。发达国家历史排放较大且远高于发展中国家,因此发达国家一般主张不考虑历史责任,或者历史责任核算起点越晚越好,而发展中国家则坚持"共同但有区别责任"原则,应该考虑历史责任(米志付等,2014)。本章基于平等主义原则考虑历史责任,即每年排放配额都应按人口比例分配(Wei et al.,2014b)。

$$e_i = H \times \frac{L_i}{L_w} + \sum_{t=t_0}^{2000} E_w^t \times \frac{L_i^t}{L_w^t} - \sum_{t=t_0}^{2000} E_i^t \tag{3-4}$$

其中,t_0 是历史责任核算起始年,E_w^t 是第 t 年全球总排放,E_i^t 是第 t 年区域 i 的历史 CO_2 排放,L_w^t 是第 t 年全球总人口,L_i^t 是第 t 年区域 i 的人口。表 3-1 展示了四种公平性原则对应的责任分担规则以及具体公式。

表 3-1 公平性原则的责任分担规则及核算公式

公平性原则	解释	责任分担规则	核算公式
支付能力	根据经济状况使区域间的减排成本均等	排放配额与人均 GDP 成反比	$e_i = H \times \dfrac{L_i \times \left(\frac{Y_i}{L_i}\right)^{-\lambda}}{\sum_{i=1}^{N}\left[L_i \times \left(\frac{Y_i}{L_i}\right)^{-\lambda}\right]}$
平等主义	所有人拥有平等的大气使用权利	排放配额按人口比例分配	$e_i = H \times \dfrac{L_i}{L_w}$

公平性原则	解释	责任分担规则	核算公式
祖父原则	当前排放或基准年排放决定未来排放权	排放配额按基准年排放量比例分配	$e_i = H \times \dfrac{E_i}{E_w}$
历史责任	在配额分配中考虑历史排放	根据历史责任分配排放配额	$e_i = H \times \dfrac{L_i}{L_w} + \sum\limits_{t=t_0}^{2000} E_w^t \times \dfrac{L_i^t}{L_w^t} - \sum\limits_{t=t_0}^{2000} E_i^t$

二、引入碳配额交易机制的 RICE 模型

本章模型是基于诺德豪斯和杨自力开发的 RICE（Regional Integrated Model of Climate and the Economy）模型改进的（Nordhaus and Yang，1996）。RICE 模型将经济系统和气候系统整合在一个框架中，是一个典型的气候变化综合评估模型。它结构简单，代码透明，巧妙地将博弈论引入模型，在气候变化评估中起到了重要作用。目前，此模型在全世界拥有大量用户，被广泛应用于气候变化研究。RICE 原始模型中，区域间不存在交易。本章将碳配额交易机制引入 RICE 模型，即区域间的排放配额通过四种公平性原则分配，并且区域间允许配额交易。

RICE 模型包括四个组成部分：（1）目标函数；（2）区域经济增长模块（经济模块）；（3）碳排放-浓度-温度模块（气候模块）；（4）气候-经济关联模块。模型将全球气候策略分为三种情景：市场情景、合作情景和博弈情景（Yang，2008）。市场情景下，全球各国都不采取温室气体控制措施。合作情景指全球所有国家作为统一的整体追求全球社会福利最大化，它要求各国按照全球有效的方式降低 CO_2 排放。博弈情景（非合作情景）指全球各利益集团追求自身社会福利最大化，进行非合作博弈。本章中，四种分配方案都在全球合作情景下模拟，而博弈情景的气候策略作为对照。图 3-1 和图 3-2 分别展示了合作情

景和博弈情景下的 RICE 模型框架。附录二介绍了 RICE 模型的主要参数。

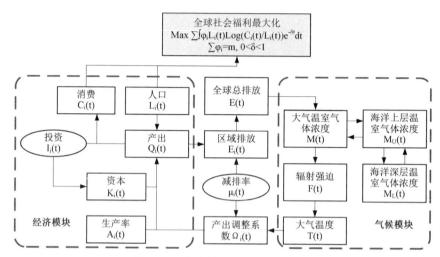

图 3-1 合作情景下的 RICE 模型

注：椭圆框内为决策变量。

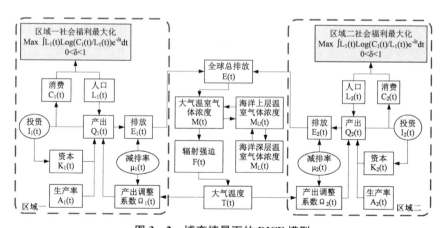

图 3-2 博弈情景下的 RICE 模型

注：本图以两区域为例，椭圆框内为决策变量。

在全球合作情景下，目标函数是全球社会福利最大化。全球社会福利是区域间福利折现值的加权和：

$$Max \quad W = \sum_{i=1}^{m} U_i = \sum_{i=1}^{m} \int_{0}^{T} \varphi_i L_i(t) Log(C_i(t)/L_i(t)) e^{-\delta t} dt, \quad (3-5)$$

$$\sum_{i=1}^{m} \varphi_i = m, \, 0 < \delta < 1 \quad\quad\quad (3-6)$$

其中,W 是全球社会福利,U_i 是区域 i 的福利折现值,φ_i 是区域 i 的福利权重,$L_i(t)$ 是区域 i 的人口,$C_i(t)$ 是区域 i 的消费,δ 是纯时间偏好率,m 是区域个数。本章中,区域福利权重采用等权重形式,即 $\varphi_i = 1$。

在博弈情景下,目标函数是单区域社会福利的开环微分博弈:

$$Max \int_{0}^{T} L_i(t) Log(C_i(t)/L_i(t)) e^{-\delta t} dt, \, 0 < \delta < 1, \, i = 1, 2, \ldots, m$$

$$(3-7)$$

经济模块中,产出通过柯布-道格拉斯生产函数获得。生产函数包括两个基本要素(劳动力和资本)以及外生的、随时间变化的全要素生产率。

$$Q_i(t) = A_i(t) K_i(t)^{\gamma} L_i(t)^{1-\gamma} \quad\quad\quad (3-8)$$

其中,$Q_i(t)$ 是区域 i 的产出,$A_i(t)$ 是区域 i 的全要素生产率,$K_i(t)$ 是区域 i 的资本存量,γ 是资本的产出弹性,$1-\gamma$ 是劳动力的产出弹性。资本和劳动力的产出弹性和为 1,即规模报酬不变。

气候变化会影响产出,因此通过气候因子对 $Q_i(t)$ 进行调整。另外,区域间允许碳配额交易,因此存在资金转移。

$$Y_i(t) = \Omega_i(t) Q_i(t) + G_i(t) \quad\quad\quad (3-9)$$

其中,$Y_i(t)$ 是区域 i 调整后的产出,$\Omega_i(t)$ 是区域 i 的气候因子,$G_i(t)$ 是区域 i 碳交易中的收入。在碳配额交易系统中,所有区域都可以根据自身减排成本以及市场碳价进行配额交易。

$$\sum_t \left(\frac{G_i(t)}{p(t)} + E_i(t) \right) = e_i \quad\quad\quad (3-10)$$

其中，$p(t)$ 是碳价，$E_i(t)$ 是区域 i 的排放，e_i 是区域 i 的排放配额。如果 $G_i(t)$ 为正，那么区域 i 出售配额；反之，区域 i 购买配额。本章假定配额购买者需要立即支付，因此每年的所有区域碳交易收入和为零。

$$\sum_i G_i(t) = 0 \qquad (3-11)$$

产出可以用作消费或投资，因此当前消费和投资之间存在权衡问题。

$$C_i(t) = Y_i(t) - I_i(t) \qquad (3-12)$$

其中，$C_i(t)$ 是区域 i 的消费，$I_i(t)$ 是区域 i 的投资（决策变量）。资本形成过程为：

$$\dot{K}_i(t) = I_i(t) - \delta_K K_i(t) \qquad (3-13)$$

其中，δ_K 是资本存量折旧率，$0 < \delta_K < 1$。

气候模块是一个简化的碳循环模型（Schneider and Thompson，1981），具体公式见附录三。诺德豪斯根据其他碳循环模型对其进行了修正（Nordhaus and Boyer，2000）。它模拟了温室气体浓度（包括海洋上层、海洋深层和大气层）、温室气体辐射强迫以及大气温度之间的相互作用的动态过程。此模块是一个微分方程组系统。气候模块的驱动因子是经济模块输出的累积温室气体排放 $E(t)$［即区域排放 $E_i(t)$ 的总和］。温室气体排放影响大气、海洋上层和深层的温室气体浓度；温室气体浓度影响辐射强迫；辐射强迫导致温度变化。总之，温室气体排放 $E(t)$ 越高，大气温度变化 $T_1(t)$ 越大。

经济模块和气候模块通过（3-9）、（3-14）及（3-15）关联起来：经济模块输出温室气体排放 $E(t)$ 到气候模块，气候模块将 $E(t)$ 转化为相应的大气温度变化 $T_1(t)$，而 $T_1(t)$ 通过影响产出反馈经济模块。

$$E_i(t) = (1 - \mu_i(t))\sigma_i(t)Q_i(t) \qquad (3-14)$$

$$\Omega_i(t) = \frac{1 - b_{1,i}\mu_i(t)^{b_{2,i}}}{1 + a_{1,i}T_1(t)^{a_{2,i}}} \qquad (3-15)$$

其中，$E_i(t)$是区域i的温室气体排放，$\mu_i(t)$是区域i的减排率（决策变量），$0 \leqslant \mu_i(t) \leqslant 1$，$\sigma_i(t)$是外生的区域$i$的排放强度（单位产出的温室气体排放），$T_1(t)$是大气温度变化，$a_{1,i}$、$a_{2,i}$、$b_{1,i}$及$b_{2,i}$是外生的区域$i$的损失系数。

在没有温室气体控制的情景下，所有区域排放强度随时间下降。这一假设与世界范围内能源强度下降趋势相符，主要由技术进步引起（Canadell et al.，2007；Schmalensee et al.，1998；Sun，1998）。模型中的减排率以市场情景为基准。例如，$\mu_i(t) = 0.1$表示温室气体排放相对于基准情景降低10%。温室气体减排可以减缓气候变化，但需要成本。这一权衡反映在（3-15）中，$\Omega_i(t)$是对产出进行调整的气候因子。大气温度变化$T_1(t)$增大或者温室气体减排率$\mu_i(t)$增大都会降低$\Omega_i(t)$的值。

三、研究框架

图3-3展示了本章的研究框架。首先，四种气候政策公平性原则被转化为可操作的责任分担规则。其次，根据IPCC第五次评估报告以及历史排放确定2000—2100年全球总排放空间（IPCC，2013）。再次，将全球总配额分别根据四种原则分配给六大区域：美国、日本、欧盟、中国、苏联①以及世界其他。最后，基于改进的RICE模型评估不同配额分配方案对全球社会经济系统的影响（Nordhaus and Boyer，2000；Nordhaus and Yang，1996；Yang，2008）。

第三节　数据来源

1990—2000年GDP（汇率法）和人口数据来自于世界银行公开数据库（World Bank Open Database）（World Bank，2014）。CO_2排放数据来自于美

---

① "苏联"指代苏联解体后在苏联版图上建立的国家集合，为了行文方便，下文统一使用本称谓。

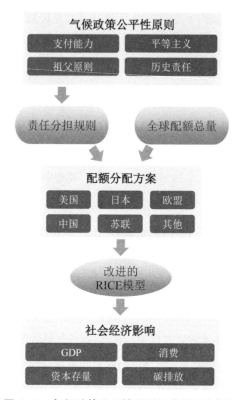

图 3-3 气候政策公平性原则评价的研究框架

国能源部二氧化碳信息分析中心(CDIAC)(Boden et al. ，2014)及 IPCC 第五次评估报告(IPCC，2013)。表 3-2 展示了各区域 2000 年的社会经济及排放数据。

表 3-2 各区域 2000 年的经济和碳排放数据

	GDP (万亿美元，2005 年)	资本存量 (万亿美元)	人口 (亿)	CO₂ 排放 (GtC)
美国	10.29	13.20	2.82	1.56
日本	4.73	12.89	1.27	0.33
欧盟	8.52	12.25	4.88	1.05

续表

	GDP (万亿美元,2005 年)	资本存量 (万亿美元)	人口 (亿)	CO$_2$ 排放 (GtC)
中国	1.20	2.32	12.63	0.93
苏联	0.38	1.54	2.87	0.63
世界其他	7.75	6.86	36.55	2.26
全球	**32.87**	**49.06**	**61.02**	**6.76**

本章选择 1900 年作为历史责任核算起始年,并选择 2000 年作为基准年来分配 2000—2100 年的全球排放配额(OECD,2008;Sørensen,2008)。作为温室气体的主要排放源之一,化石燃料自第一次工业革命以来被广泛使用,因此人类对气候变化的历史责任应该从 1760 年开始核算。但是 1900 年之前的碳排放数据不可获得,且排放量相对不高,因此本章历史责任从 1900 年开始核算(Pan and Chen,2010)。图 3-4 展示了各区域 1900—2000 年的历史排放。

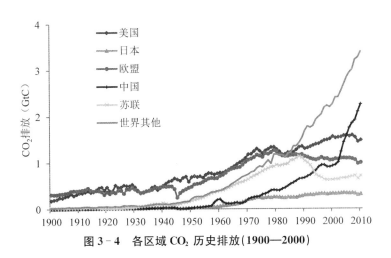

图 3-4　各区域 CO$_2$ 历史排放(1900—2000)

未来全球 CO$_2$ 排放空间是一个极其复杂而富有争议的话题。IPCC 第五次评估报告基于气候预测提供了四种典型浓度路径(RCP),分别是 RCP2.6、RCP4.5、RCP6.0 和 RCP8.5(详细介绍可以查阅 IPCC 第五次评估报告第一工作组第十一章）。RCP 是包括温室气体和气溶胶的排放和浓度的时间序列情景（Moss et al.，2008；Moss et al.，2010）。本章选择了中间情景 RCP4.5。此种情景下，2012—2100 年的全球排放空间为 780 GtC。根据 CDIAC，2000—2011 年的全球历史排放为 96.75 GtC。因此，2000—2100 年的全球排放配额为 876.75 GtC。

第四节　结果分析与讨论

基于四种气候政策公平性原则，全球 2000—2100 年的 CO_2 排放配额被分配给六大区域：美国、日本、欧盟、中国、苏联及世界其他。之后，本章利用改进的 RICE 模型模拟四种分配方案，评估其对全球社会经济系统的影响。六大区域被分为发达国家和发展中国家：美国、日本、欧盟及苏联为发达国家代表，而中国及世界其他为发展中国家代表。其中，世界其他地区主要为发展中国家，但也包含部分发达国家。

一、排放配额分配

全球 876.75 GtC 的排放空间通过四种公平性原则进行分配，结果如表 3-3 和图 3-5 所示。四种公平性原则下的分配方案差异很大。

四种原则中，祖父原则最有利于发达国家。美国、日本、欧盟及苏联的配额量均是在祖父原则下最大。发达国家在祖父原则下可获得 462.92 GtC 碳配额，是在历史责任原则下的 10.42 倍。祖父原则是根据基准年排放量分配碳排放配额，即基准年 CO_2 排放量越高，未来排放配额越多。2000 年，发达国家的碳排放量为 3.87 GtC，占全球排放的 57.27%。

相反，历史责任原则最有利于发展中国家。发展中国家在历史责任原则下获得 832.33 GtC 碳配额，是在祖父原则下的 2.01 倍。发达国家 1900—1999 年的 CO_2 历史排放为 192.53 GtC，远高于发展中国家的 72.80 GtC。因此，当考虑历史责任时,发展中国家获利较多。

此外,值得注意的是美国在历史责任原则下出现排放赤字,即排放配额为负值($-22.63\,GtC$)。也就是说,美国 1900—1999 年已经耗尽了其 200 年的排放配额。事实上,美国 1900—1999 年的历史排放是 $77.26\,GtC$,占同期全球排放的 29.12%。

对中国有利的公平性原则依次是支付能力原则、历史责任原则、平等主义原则及祖父原则。中国仍处于工业化和城镇化过程中,面临发展经济、改善民生和消除贫困的艰巨任务,对化石能源需求仍会增长,因此祖父原则对中国很不利(Wei et al.,2014b)。许多中国学者在讨论全球配额分配时都强调历史责任和人均原则(Pan and Chen,2010;丁仲礼等,2009),但本章的研究结果显示中国在支付能力原则下获得的配额多于历史责任原则和平等主义原则。这并非否定历史责任和平等主义对中国的优势,而是要提醒通过其他方式也有可能实现中国利益最大化。事实上,中国近五年(2010—2014 年)的 CO_2 排放量相当于工业革命以来全球 150 年的排放量。2014 年,中国人均 CO_2 排放是世界人均排放的 1.5 倍(Boden et al.,2014)。随着碳排放量的增长,中国的"历史责任"和"人均"优势正在逐渐减弱。

表 3-3　全球 CO_2 排放配额分配方案

	支付能力		平等主义		祖父原则		历史责任	
	配额 (GtC)	比重 (%)	配额 (GtC)	比重 (%)	配额 (GtC)	比重 (%)	配额 (GtC)	比重 (%)
发达国家	**89.87**	**5.40**	**170.15**	**10.75**	**462.92**	**35.87**	**44.43**	**2.60**
美国	9.66	0.58	40.54	2.56	201.93	15.65	−22.63	−1.32
日本	4.30	0.26	18.23	1.15	43.10	3.34	14.65	0.86
欧盟	24.15	1.45	70.14	4.43	136.71	10.59	31.24	1.83
苏联	51.76	3.11	41.24	2.60	81.18	6.29	21.17	1.24
发展中国家	**786.88**	**47.30**	**706.60**	**44.63**	**413.83**	**32.07**	**832.33**	**48.70**
中国	267.97	16.11	181.42	11.46	120.35	9.33	220.06	12.88

续表

	支付能力		平等主义		祖父原则		历史责任	
	配额 （GtC）	比重 （%）	配额 （GtC）	比重 （%）	配额 （GtC）	比重 （%）	配额 （GtC）	比重 （%）
世界其他	518.91	31.19	525.19	33.17	293.48	22.74	612.27	35.82
全球	**1 663.64**	**100**	**1 583.36**	**100**	**1 290**	**100**	**1 709**	**100**

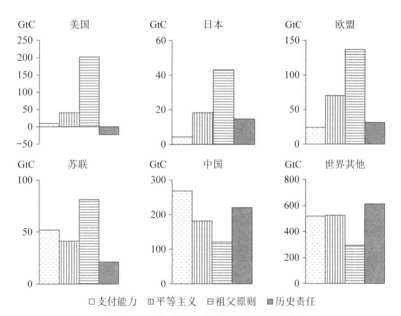

图 3-5 全球 CO_2 排放配额分配方案

二、全球排放路径

四种配额分配方案在 RICE 模型合作情景下进行模拟，即在全球社会福利最大化的目标下，评估不同方案下的最优排放路径（图 3-6）。此外，博弈情景下的排放路径作为对照。

博弈情景下，全球 CO_2 排放远高于四种合作情景的排放。全球 2000—2100 年累积 CO_2 排放在博弈情景下为 2 003.85 GtC，是合作情景的 2.29 倍。

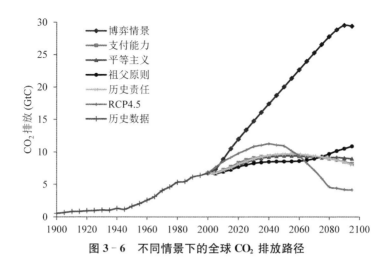

图 3－6　不同情景下的全球 CO_2 排放路径

应对气候变化具有很强的外部性,因此如果各国之间不合作而追求自身利益最大化,那么主动降低碳排放的动力会不足。

从全球视角看,祖父原则相对更关注后代人的利益。在支付能力原则、平等主义原则及历史责任原则下,全球 CO_2 排放大约在 2050 年达到峰值。然而,全球 CO_2 排放在祖父原则下没有峰值。在 100 年区间内,祖父原则将更多的配额分配给后代。

三、社会经济影响

四种公平性原则下的配额分配方案差异很大。本部分以 GDP、消费及资本存量作为衡量国家利益的指标,讨论四种分配方案的社会经济影响。

首先,全球累积 GDP 在祖父原则下最高,在历史责任原则下最低(图 3－7)。从全球视角看,2000—2100 年全球累积 GDP 在祖父原则下比历史责任原则下高 8.24%。发达国家技术先进且能源效率高,导致其单位碳排放产出远高于发展中国家。因此,在消耗同等碳配额条件下,发达国家的产出高于发展中国家。四种分配方案中,祖父原则给予发达国家的配额最多。这是祖父原则下全球累积 GDP 最高的原因。但是,发展中国家在祖父原则下承担了较多减排成本。发展中国家累积 GDP 在祖父原则下比历史责任原则下低 18.90%。

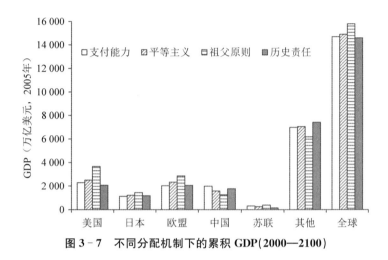

图 3 - 7　不同分配机制下的累积 GDP(2000—2100)

　　其次,全球累积消费在历史责任原则下最高,在祖父原则下最低(图 3 - 8)。从全球视角看,2000—2100 年全球累积消费在支付能力、平等主义原则及历史责任原则下基本一致,均高于祖父原则。

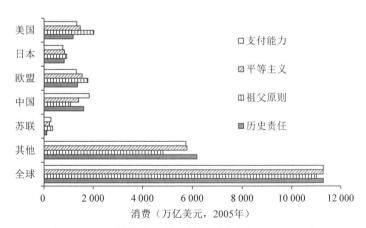

图 3 - 8　不同分配机制下的累积消费(2000—2100)

此外,所有区域的资本存量均在祖父原则下最高,在历史责任原则下最低(图3-9、图3-10)。2000—2100年,每年的全球资本存量均在祖父原则下最高,且越往后差距越大。2100年,全球资本存量在祖父原则下是历史责任原则下的2倍多。

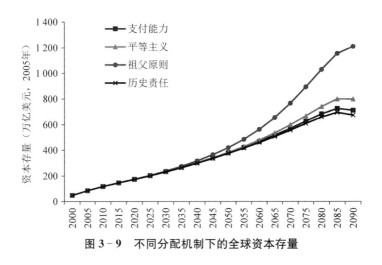

图3-9 不同分配机制下的全球资本存量

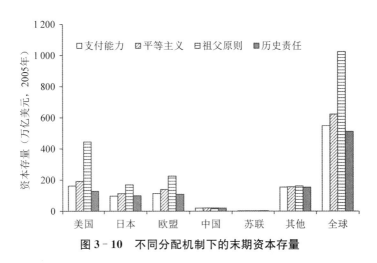

图3-10 不同分配机制下的末期资本存量

第五节 结论及政策启示

本章为四种气候政策公平性原则提供了具体的核算公式及指标,包括支付能力原则、平等主义原则、祖父原则及历史责任原则。基于四种原则,全球2000—2100年的碳排放配额被分配给六大区域:美国、日本、欧盟、苏联、中国及世界其他。本章将碳配额交易机制引入 RICE 模型,评估与比较四种分配机制的社会经济影响。

(1)四种公平性原则均不能产生使各国利益完全平等的分配方案。具体说来,祖父原则对发达国家更有利,而历史责任原则对发展中国家更有利。从配额分配角度,发达国家配额量在祖父原则下是在历史责任原则下的 10 倍多;发展中国家配额量在历史责任原则下是在祖父原则下的两倍多。从社会经济影响角度,发达国家的 GDP、资本存量及消费均在祖父原则下最高;相反,发展中国家的 GDP 和消费在历史责任原则下最高。因此,依靠单一公平性原则的分配方案是行不通的,基于多种原则的分配方案更有希望在国际谈判中被接受。

(2)全球合作能有效促进减缓气候变化进程。全球累积 CO_2 排放在非合作情景(博弈情景)下是合作情景下的 2.29 倍。

(3)从全球角度看,祖父原则造成的损失最小。2000—2100 年,全球累积 GDP 在祖父原则下比历史责任原则下高 8.24%;而每年的全球资本存量均在祖父原则下最高,且越往后差距越大。从全球视角看,祖父原则更关注后代的利益,因为它将更多的配额分配给后半个世纪。

(4)中国优先选择的公平性原则依次为支付能力原则、历史责任原则、平等主义及祖父原则。中国配额分配量、累积 GDP 和消费均在支付能力原则下最高。此外,随着碳排放量的增长,中国的"历史责任"和"人均"优势正在逐渐减弱。

第六节　小结：气候政策公平性原则的影响

如何分配温室气体减排责任是国际社会合作应对气候变化的难题，不同学者和组织从不同角度提出了很多分配方案。气候政策公平性原则是责任分担的基础。本章为支付能力、平等主义、祖父原则及历史责任四种气候政策公平性原则提供了具体的核算公式及指标，使它们可用于具体的排放配额分配。根据 IPCC 第五次评估报告，预测了全球 2000—2100 年的碳排放空间。基于四种原则，全球排放空间被分配给六大区域，即美国、日本、欧盟、苏联、中国及世界其他。将碳配额交易机制引入 RICE 模型，评估和比较了四种分配机制的社会经济影响。从全球角度，祖父原则造成的损失最小，但发展中国家的利益受到较大损失。对中国而言，最有利的原则依次为支付能力、历史责任、平等主义及祖父原则。

气候变化公平性是一个极具争议的话题，目前的研究还存在一些不足之处，许多工作尚待进一步研究：

首先，四种分配机制采用了固定基准年，即以 2000 年作为基准分配排放空间。气候变化是一个长期问题，各国的社会经济情况会随时间发生巨大变化，因此未来研究需要考虑使用动态基准年。以平等主义原则为例，本章中各国未来排放配额按 2000 年各国人口比例进行分配。未来研究中，各国未来排放配额将会按照当年人口比例进行分配。这种动态基准年的分配机制更符合未来各国的社会实际情况，更容易被国际社会所接受。

其次，本章只考虑了四种气候政策公平性原则。目前，被广泛讨论的公平性原则还有很多，如污染者支付原则、帕累托最优原则以及市场公正原则等。除了公平性原则外，很多具体的分配方案也备受关注，如复合排放权交易体系方案、巴西案文、南北对话方案以及温室发展权方案等。未来的研究需要扩大研究的范围，比较更多的公平性原则以及具体方案，为国家应对气候变化提供更多的政策选择。

　　此外,本章将全球分为六大区域。国际气候变化局势错综复杂,各国之间存在多种合作与博弈。目前,国际气候变化谈判中已形成欧盟、伞形集团和"七十七国集团加中国"三大利益集团。未来研究需要按照国际气候变化谈判形式进行区域划分,更准确地体现国际气候变化局势。

第四章　中国碳排放达峰路径及其影响
——基于 IMEC 模型

第一节　引言

2014 年 11 月 12 日,中美两国共同发表《中美气候变化联合声明》,承诺携手应对全球气候变化,以量化方式明确各自 2020 年后的减排行动。美国计划于 2025 年实现在 2005 年基础上减排 26%～28%的目标并将努力减排 28%。中国计划 2030 年左右 CO_2 排放达到峰值且将努力早日达峰,并计划到 2030 年非化石能源占一次能源消费比重提高到 20%左右(The White House,2014;新华社,2014)。

中国之所以提出 CO_2 排放峰值目标,主要有以下几方面原因。首先,中国面临着巨大的国际减排压力。根据 IPCC 第五次评估报告,在实现 2℃目标的情景下,全球温室气体排放到 2030 年需要控制在 30～50 $GtCO_2$ 当量(IPCC,2014b)。图 4-1 展示了世界上十个主要碳排放国的排放数据。1990—2012年,中国 CO_2 排放呈指数增长,全球新增排放的 55.4%来自于中国(Feng et al.,2013;IEA,2014)。2012 年,中国化石燃料导致的 CO_2 排放为 8.2 Gt,占全球总排放的 25.9%;当年,中国人均 CO_2 排放是世界人均水平的 1.3 倍(IEA,2014)。中国如果不采取减排措施,其 CO_2 排放到 2030 年可能达到19.7 Gt,占全球总排放空间的 65%。这种情景下,2℃目标基本不可能实现。相反,中国如果采取减排措施,在 2030 年达到排放峰值,将大幅降低 CO_2 排放。因此,中国 2030 年前碳排放路径对全球 2℃目标的实现有重大影响。

其次,中国 2030 年达到 CO_2 排放峰值有助于缓解能源供应压力。1980—

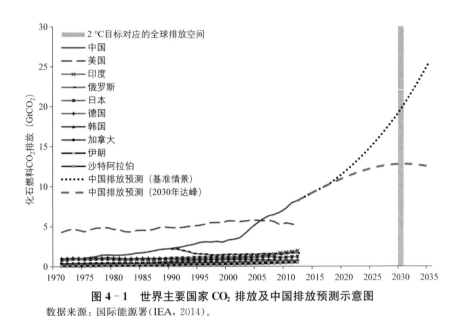

图 4 - 1　世界主要国家 CO_2 排放及中国排放预测示意图

数据来源：国际能源署（IEA，2014）。

2012 年,中国 GDP 迅速增长,年均增长率约为 10%。能源是经济发展的物质基础,中国能源消费量随着经济增长而不断攀升。中国 2012 年能源消费量为 36 亿吨标准煤,是 1980 年能源消费量的六倍多(国家统计局,2015a)。然而,中国能源供应能力相对不足,能源生产量增速低于能源消费量增速,这导致中国能源对外依存度不断攀升(图 4 - 2)。2012 年,中国能源对外依存度达到 15%,石油对外依存度更是达到 58%(国家统计局,2013a)。化石能源燃烧是碳排放的最主要来源之一,因此 CO_2 排放峰值目标可有效控制能源消费总量,缓解中国能源供应压力。

再次,中国 2030 年达到 CO_2 排放峰值具有减轻环境污染的协同效应。能源消耗既排放出大量的 CO_2,也是其他众多污染物(如二氧化硫、氮氧化物等)的主要来源。因此,减少碳排放具有减轻环境污染的协同效应。根据国际应用系统分析研究所(International Institute for Applied Systems Analysis, IIASA)的研究,全球气候政策对降低大气污染的协同收益有三分之一在中国(Rafaj et

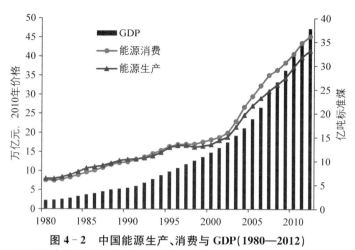

图4-2　中国能源生产、消费与GDP(1980—2012)

数据来源:《中国统计年鉴2013》(国家统计局,2013b)。

al.,2013)。

　　此外,中国2030年达到CO_2排放峰值可倒逼产业结构升级优化。和第三产业高度发展的发达国家相比,中国经济更加依赖于高能源强度(单位GDP能源消耗量)和高碳强度(单位GDP碳排放量)的第二产业。2013年,中国第三产业增加值占国内生产总值的46.9%(国家统计局,2015a),远低于大部分发达国家。廖华等(Liao et al.,2007)将中国的能源强度变化分解为结构效应和效率效应。结果表明1997—2002年期间,中国的能源强度下降主要是由于效率的提高,而结构效应的影响很小。因此,产业结构调整在中国具有很大的节能减排潜力,CO_2排放峰值目标可倒逼产业结构升级优化。

　　总而言之,研究中国碳排放峰值有以下三方面意义:(1)摸清自己底牌,应对国际气候变化谈判;(2)规划排放路径,实现社会效用的最大化;(3)促进节能减排,倒逼产业结构升级优化。

　　针对中国2030年碳排放峰值目标,本章拟回答以下几个问题:

　　(1)中国如何最优地实现2030年碳排放达到峰值的目标?

　　(2)中国碳排放可否在2030年前达到峰值?

（3）中国碳排放提前达峰的社会经济影响如何？

第二节　排放峰值分析方法总结

一个国家的碳排放峰值一般出现在实现工业化和城镇化之后。在该阶段，经济增速趋缓，能源消费弹性下降，且化石能源消费不再增加，主要依靠可再生能源满足消费（何建坤，2013）。目前，绝大多数发展中国家碳排放仍在增长，而很多发达国家能源消费和碳排放都已达到峰值。不同的发达国家碳排放达峰时间以及方式差别很大（表4-1）。

表4-1　发达国家 CO_2 排放和能源消费峰值

国家	人均 CO_2 排放峰值时间（年）	CO_2 排放总量峰值时间（年）	能源消费总量峰值时间（年）	人均 CO_2 排放峰值水平（吨/人）	能源消费总量峰值时人均能耗（吨标准煤/人）
美国	1973	2007	2007	22.2	10.8
欧盟	1973	1980	2005	9.4	5.54
英国	1973	1975	2001	11.7	5.41
德国	1980	1980	1985	13.4	6.51
日本	2005	2007	2004	9.5	5.87

数据来源：何建坤（2013）。

中国目前是世界上第一大碳排放国，缓解日益严峻的减排压力成为社会各界关注的问题，因此中国排放峰值问题已经成为研究热点之一。本章收集的49篇文献预测了中国碳排放峰值时间，其中中文37篇，英文12篇。由于模型方法、参数选择以及数据等不同，既有文献对中国碳排放峰值时间的估计差别很大，其结论估计中国碳排放最早于2017年达峰（许广月和宋德勇，2010），最晚甚至2100年之后达峰（Rout et al.，2011）（图4-3）。

中国碳排放峰值研究最常用的方法包括环境库兹涅茨曲线（EKC）理论、

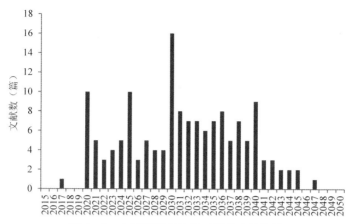

图4-3　中国碳排放达峰时间的文献统计

IPAT模型、情景分析以及综合评估模型(表4-2)。

表4-2　中国碳排放峰值的研究方法及代表作

模型方法	作者及发表年份	峰值年
EKC理论	林伯强和蒋竺均(2009)	2020
	李国志和李宗植(2011)	2020、2036
	郑丽琳和朱启贵(2012)	2024
	赵忠秀等(2013)	2036—2041
IPAT模型	岳超等(2010)	2035
	渠慎宁和郭朝先(2010)	2020—2045
	何建坤(2013)	2030
	Yuan et al.(2014)	2030—2035
情景分析	戴彦德等(2010)	2030—2035
	He et al.(2012)	2030
	Zhou et al.(2013)	2025—2035
	Teng and Jotzo(2014)	2020—2029
综合评估模型	陈文颖 et al.(2004)	≥2050
	Rout et al.(2011)	≥2100
	Jiang et al.(2013)	2025
	Zhang et al.(2014a)	2020

EKC 由环境经济学家格罗斯曼和克鲁格在 20 世纪 90 年代初提出,描述了环境污染随经济发展先不断增加,在达到峰值后逐渐降低的一种倒 U 型曲线关系(Grossman and Krueger,1991,1995)。随着全球变暖问题逐渐为学界所关注,部分学者提出了 CO_2 环境库兹涅茨曲线(CKC)理论,即 CO_2 排放随着经济发展先不断增加,在达到峰值后逐渐降低的一种倒 U 型曲线关系。之后,大量文献通过实证研究验证 CKC 的存在性。部分学者认为 CKC 是存在的(Cole et al.,1997;Galeotti and Lanza,2005;Schmalensee et al.,1998),而另一些学者则认为 CO_2 排放并不存在拐点(Agras and Chapman,1999;Azomahou et al.,2006;He and Richard,2010;Roca and Alcántara,2001)。也有学者使用 CKC 理论研究中国 CO_2 排放峰值问题(Auffhammer and Carson,2008;林伯强和蒋竺均,2009)。

大多数 CKC/EKC 实证分析采用计量经济学方法,基本模型为:

$$\ln c_t = \omega_0 + \omega_1 \ln g_t + \omega_2 (\ln g_t)^2 + \omega_3 (\ln g_t)^3 + \eta z_t + \varepsilon_t \qquad (4-1)$$

其中,c_t 是人均碳排放,g_t 为人均 GDP,z_t 为控制变量,ε_t 是误差项,ω_0、ω_1、ω_2、ω_3 和 η 是待估参数。如果 ω_3 不显著,ω_2 显著且为负,那么 CKC 存在,并且可得到 CO_2 排放峰值对应的人均 GDP 水平。通过估计未来 GDP 的发展,进而得到 CO_2 排放的达峰时间。

EKC 虽然被广泛使用,但在实践和理论方面都存在缺陷。在实证方面,EKC 分析对模型形式、控制变量以及数据区间等非常敏感。虽然都是基于 EKC 理论,但不同学者对同一地区的排放峰值估计差异很大。在理论方面,虽然越来越多的文献试图为 EKC 提供理论解释(Andreoni and Levinson,2001;Brock and Taylor,2010;Stokey,1998),但仍没有理论可直接用于指导实证研究(Hao and Wei,2015)。目前,EKC 基本上仍被当作纯经验关系来研究,这也是不同研究的模型形式差异很大的主要原因。此外,EKC 用于分析碳排放峰值问题,只能回答"何时到",不能回答"如何到"。基于 EKC 的计量经济学方法是对排放与经济历史数据的相关关系研究(朱永彬等,2009),只能得到碳排放的达峰时间(或达峰时的 GDP 水平),而无法分析碳排放达峰的社会经济内部机理。

IPAT 模型又称为 Kaya 恒等式(Kaya,1990)。该恒等式将碳排放分解为不同因子的乘积,即:

$$C = L\left(\frac{G}{L}\right)\left(\frac{E}{G}\right)\left(\frac{C}{E}\right) \qquad\qquad (4-2)$$

其中,C 为碳排放,L 为人口,G 为 GDP,E 为能源消费。IPAT 结构简单,易于操作,在能源与气候变化领域得到广泛应用。但其分解的因子数目有限,所得到结果基本局限于碳排放与人口、经济和能源的宏观量化关系(杜强等,2012)。

情景分析通过评估未来社会发展情景来预测碳排放量。大多数文献会提供不只一种的社会发展情景(华贲,2010;李惠民和齐晔,2011),而且经常通过国际经验来设定情景(张建国和罗峻,2012)。戴彦德等(2010)采用情景分析方法,诠释 2020 年完成全面建设小康社会目标、2050 年达到中等发达国家水平对中国能源供应的要求。在考虑国内外条件变化对能源需求影响的前提下,设置不同的能源和碳排放情景,探索中国未来的低碳发展道路。滕飞和乔佐(Teng and Jotzo,2014)在回顾中国经济脱碳过程的基础上,创建了中国碳排放在 21 世纪 20 年代达到峰值的宏观情景,分析了减少碳排放对降低气候变化风险、缓解大气污染以及保障能源安全等方面的效应。

IPAT 和情景分析都有一个缺陷,即外生设置很大程度上直接决定了碳排放峰值时间。这两种方法没有优化的过程,因此无法回答哪个低碳发展路径是最优的。

综合评估模型(IAM)是经济系统和气候系统整合在一个框架里的模型(Nordhaus,1991;Wang and Watson,2010;Wei et al.,2014a)。综合评估模型起源于 20 世纪 60 年代对全球环境问题的研究,已经成为了评价气候政策的主流分析工具。综合评估模型通常是建立在成本-效益分析基础上的,通过引入气候变化的减排成本函数和损失函数,最大化贴现后的社会福利函数,从而得到最优的减排成本路径(魏一鸣等,2013a,b)。综合评估模型也被用于分析中国的碳排放峰值问题。陈文颖等(2004)建立中国综合能源系统优化模型,评估了减排对中国能源系统的影响。结果显示若碳排放于 2030 年达峰,减排率为 10%~46% 时碳边际减排成本为 45~254 美元/吨。基于 TIMES 模型的研究预测了中国 2100 年前的能源和碳排放路径,认为中国碳排放在 21 世纪不会达到峰值(Rout et al.,2011)。基于 REMIND 模型的研究分析了技术进步在中国 CO_2 减排中的作用。结果表明,中国在碳税机制下具有较大减排潜力,碳排放甚至可以在 2020 年达到峰值(Zhang et al.,2014a)。

第三节　模型方法

一、研究框架

本章基于投入产出表建立了气候与经济综合评估模型(IMEC)。它是一个评估经济、能源与气候变化的动态优化模型,被用于研究中国碳排放峰值问题。本章研究框架如图 4-4 所示。首先,通过国家规划确定模型的外生参数,包括 GDP 增长约束、产业结构变化约束、能源增长约束、非化石能源比例约束、碳排放增长约束和碳强度下降约束等。本章参考的政府规划包括《中美气候变化联合声明》《国家应对气候变化规划(2014—2020)》《能源发展战略行动计划(2014—2020)》等。其次,将外生参数带入 IMEC 模型,模拟中国 CO_2 排放路径。一方面,评估中国碳排放最早达峰年份;另一方面,探索不同达峰年份下的最优排放路径,以实现社会福利最大化。最后,评估中国碳排放在 2030 年之前达峰的社会成本。

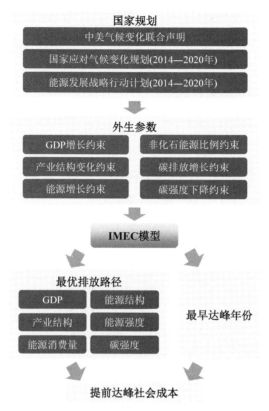

图4-4　中国碳排放峰值研究框架

二、目标函数

目标函数在最优化模型中至关重要。气候变化评估模型常使用的目标函数有 GDP 最大化、环境效益最大化、碳排放最小化、能源消费最小化、碳强度最小化、能源强度最小化和减排成本最小化等（米志付等，2014；魏一鸣等，2013a）。IMEC 模型的目标函数是社会福利最大化。本章定义个人福利为人均消费的对数，这在最优经济增长理论中被广泛使用（Cass，1965；Ramsey，1928）。

$$\text{Max} \quad \sum_{t=1}^{T} L_t \log\left(\frac{Q_t}{L_t}\right) \frac{1}{(1+\rho)^{t-1}} \qquad (4-3)$$

其中，ρ 是纯社会时间偏好率，T 是总年份，L_t 是第 t 年人口，Q_t 是第 t 年消费。

三、约束条件

（一） 投入产出模型基本公式

投入产出模型由经济学家华西里·列昂惕夫（Wassily Leontief）在 20 世纪 30 年代末所创立（Leontief，1936）。投入产出模型的主要目的是建立投入产出表以及线性等式系统。投入产出表可反映某一时期社会经济各部门之间的货币或实物转移，以及它们的相互依赖关系。其中，行描述了某一部门的产出在经济系统中的分布，列描述了各部门对某一部门的投入（Miller and Blair，2009）。基本线性等式是：

$$(I-A)X_t = Y_t \qquad (4-4)$$

$$(I-A_c)X_t = V_t \qquad (4-5)$$

其中（假设经济系统中有 n 个部门），X_t 是第 t 年总产出向量，Y_t 是第 t 年最终需求向量（最终需求包括消费、资本形成和净出口），V_t 是第 t 年增加值向量（V_t 是模型的决策变量），I 是 $n \times n$ 维的单位矩阵，A 是 $n \times n$ 维直接需求矩阵，其元素 a_{ij} 是部门 j 每单位产出对部门 i 的需求，a_{ij} 定义式如下：

$$a_{ij} = \frac{x_{ij}}{x_j}(i, j = 1, 2, \ldots, n) \qquad (4-6)$$

其中，x_{ij} 是部门 i 到部门 j 的转移量，A_c 定义式如下：

$$A_c = \mathrm{diag}\left[\sum_{i=1}^{n} a_{i1}, \sum_{i=1}^{n} a_{i2}, \ldots, \sum_{i=1}^{n} a_{in}\right] \qquad (4-7)$$

其中，diag 表示将向量转化为对角矩阵。

（二） 经济发展约束

气候政策需要在保证社会稳定、经济发展有序以及生活水平提高的基础上实施。GDP 增长率是一个重要的社会经济指标，而减少碳排放会在一定程度上影响经济发展。因此,模型约束第 t 年 GDP 增长率不低于 λ_t。

$$G_t = \sum_{i=1}^{n} v_{it} \tag{4-8}$$

$$G_t \geqslant (1+\lambda_t)G_{t-1} \tag{4-9}$$

其中,G_t 是第 t 年 GDP,v_{it} 是第 t 年部门 i 的增加值,λ_t 是外生变量。

（三）能源约束

经济发展需要能源的支撑,但能源供应是有限的。能源燃烧是碳排放最主要的来源之一,因此,控制能源消费量是实现 CO_2 峰值目标的关键。本模型约束第 t 年能源消费量增长率不高于 μ_{1t}。

$$E_t = \sum_{i=1}^{n} \sum_{k=1}^{m} b_{ikt} v_{it} \tag{4-10}$$

$$E_t \leqslant (1+\mu_{1t})E_{t-1} \tag{4-11}$$

其中,E_t 是第 t 年能源消费总量,b_{ikt} 是第 t 年部门 i 单位增加值消耗的第 k 种能源($k=1,2,3,4$,分别是煤炭、石油、天然气和非化石能源),μ_{1t} 是外生变量。

非化石能源替代化石能源是降低碳排放的有效途径之一。中国非常重视非化石能源的发展,2013 年中国非化石能源占一次能源消费比重为 9.8%(国家统计局,2015a)。中国计划到 2020 年非化石能源占一次能源消费比重达到 15%(国务院办公厅,2014),2030 年达到 20%(新华社,2014)。

$$\frac{E_{r2030}}{E_{2030}} \geqslant \mu_2 \tag{4-12}$$

$$\frac{E_{r2020}}{E_{2020}} \geqslant \mu_3 \tag{4-13}$$

其中,E_{rt} 是第 t 年非化石能源消费量,μ_2 和 μ_3 是外生变量。

（四）碳排放约束

为实现 CO_2 排放峰值目标,碳排放量增长率需要得到控制。CO_2 排放达到峰值后,碳排放量增长率应该为负值。因此,本模型约束第 t 年 CO_2 排放量增长率不高于 φ_{1t},并且达到峰值后,$\varphi_{1t} \leqslant 0$。

$$C_t = \sum_{i=1}^{n} \sum_{k=1}^{m} d_{ik} E_{ikt} \qquad (4-14)$$

$$C_t \leqslant (1 + \varphi_{1t}) C_{t-1} \qquad (4-15)$$

$$\varphi_{1t} \leqslant 0, \text{ if } t > \bar{t} \qquad (4-16)$$

其中,C_t 是第 t 年 CO_2 排放量,d_{ik} 是部门 i 消耗单位能源 k 的排放量,$\bar{t}$ 是碳排放达峰年份,φ_{1t} 是外生变量。另外,中国政府规划 2020 年单位 GDP 的碳排放比 2005 年下降 40%~45%。

$$\frac{C_{2020}}{G_{2020}} \leqslant (1 - \varphi_2) \frac{C_{2005}}{G_{2005}} \qquad (4-17)$$

其中,φ_2 是外生变量。

（五） 就业约束

就业率是宏观经济规划中非常重要的指标。作为劳动力就业的载体,产业部门对就业有直接影响。一个地区的产业结构升级对就业人口的数量、结构和质量都有影响(吕铁和周叔莲,1999)。因此,产业之间应该协调发展,以实现劳动力的充分就业。为了保证未来就业率不降低,本模型约束就业机会增长率不低于人口增长率。

$$P_t = \sum_{i=1}^{n} q_{it} v_{it} \qquad (4-18)$$

$$(P_t - P_{t-1})/P_{t-1} \geqslant (L_t - L_{t-1})/L_{t-1} \qquad (4-19)$$

其中,P_t 是第 t 年就业机会,q_{it} 是部门 i 单位增加值提供的就业机会,L_t 是第 t 年人口。

（六） 产业结构约束

在一个经济系统内,每个产业都具有不可替代的作用。因此,一个国家不能只发展某一个或某几个产业。而且,产业结构在一定时期内不可能被随意调整。本模型对各部门增加值占 GDP 比重的变化幅度进行约束。

$$v_{it}/G_t \geqslant (1+\alpha_i)v_{i,\,t-1}/G_{t-1} \qquad (4-20)$$

$$v_{it}/G_t \leqslant (1+\beta_i)v_{i,\,t-1}/G_{t-1} \qquad (4-21)$$

其中,v_{it} 是第 t 年部门 i 的增加值,G_t 是第 t 年的 GDP,α_i 和 β_i 是外生变量。

(七) 消费与投资约束

最终需求包括消费、资本形成和净出口。

$$y_{it} = q_{it} + f_{it} + o_{it} \qquad (4-22)$$

其中,y_{it}、q_{it}、f_{it}、o_{it} 分别是第 t 年部门 i 的最终需求、消费、资本形成和净出口。本模型假设单一部门的消费、资本形成和净出口的比例固定。

$$q_{it}/y_{it} = q_{i0}/y_{i0} \quad (i=1,2,\ldots,n) \qquad (4-23)$$

$$f_{it}/y_{it} = f_{i0}/y_{i0} \quad (i=1,2,\ldots,n) \qquad (4-24)$$

$$o_{it}/y_{it} = o_{i0}/y_{i0} \quad (i=1,2,\ldots,n) \qquad (4-25)$$

其中,y_{i0}、q_{i0}、f_{i0}、o_{i0} 分别是基础年部门 i 的最终需求、消费、资本形成和净出口。本模型对整个经济体的消费率进行约束。

$$Q_t = \sum_{i=1}^{n} q_{it} \qquad (4-26)$$

$$Q_t/G_t \geqslant \gamma_1 \qquad (4-27)$$

$$Q_t/G_t \leqslant \gamma_2 \qquad (4-28)$$

其中,Q_t 是第 t 年的消费,γ_1 和 γ_2 是外生变量。

(八) 非负约束

经济系统中,各部门总产出和增加值都应该是非负的。

$$X_t \geqslant 0 \qquad\qquad (4-29)$$

$$V_t \geqslant 0 \qquad\qquad (4-30)$$

第四节 数据来源

本章数据主要来自于世界投入产出数据库（WIOD）（Timmer et al., 2015）。WIOD 数据库提供世界投入产出表、国家投入产出表、社会经济统计表和环境统计表（表 4-3）。

表 4-3 世界投入产出数据库介绍

数据	时间范围	介绍
世界投入产出表	1995—2011	40 个国家间的多区域投入产出表
国家投入产出表	1995—2011	40 个国家的单区域投入产出表（基于世界投入产出表建立）
社会经济统计表	1995—2009	分部门的社会经济数据，包括就业、资本存量、总产出、当年价格增加值、固定价格增加值等。
环境统计表	1995—2009	分部门的能源使用、CO_2 排放、大气排放物等

本章使用 2009 年作为基础年，模拟中国 2010—2040 年的低碳发展路径。中国投入产出表来自于 WIOD 国家投入产出表，能源和碳排放等数据来自于 WIOD 环境统计表，就业和价格水平等数据来自于 WIOD 社会经济统计表。人口数据来自联合国《世界人口展望：2012 版》（United Nations，2013）。WIOD 数据库将经济系统分为 35 个部门，其中两个部门的中国数据缺失，因此本章投入产出表有 33 个部门。

第五节 外生参数设定

本章根据中国的政府规划、历史数据及相关文献,对模型的外生参数进行了设定。政府规划包括《中美气候变化联合声明》《国家应对气候变化规划(2014—2020)》及《能源发展战略行动计划(2014—2020)》等。

纯社会时间偏好率是体现代际公平性的重要指标。它的大小对模型的结果及其政策含义至关重要,稍有差异模型便会得出大相径庭的结果,由此得到的气候政策行动建议也可能截然相反。对气候政策建模中应该采用怎样的纯社会时间偏好率,各家争论不一(Wei et al.,2014a;魏一鸣等,2013a)。本章参照 RICE 模型,将纯社会时间偏好率定为 1.5%(Nordhaus,2008)。

产业结构在一定时期内不可能被随意调整,每个部门的调整潜力不同,因此对各部门增加值占 GDP 比重的年变化率进行限定。根据 1995—2009 年产业结构调整的历史数据,本章将各部门增加值占 GDP 比重上涨年份的平均增长率设为上限;相应地,将下降年份的平均增长率设为下限。另外,一些部门某些年份的变化率非常大,例如部门 S25(交通运输辅助和旅行社活动业)的最低和最高增长率分别为 -25% 和 29%,这导致其上、下限非常高。本章对排名前七的上、下限进行了修正,如表 4-4 所示。

表 4-4 产业结构调整的上下限

部门	下限 (α_i,%)	上限 (β_i,%)	部门	下限 (α_i,%)	上限 (β_i,%)
S01	-4.90	0.00	S18	-4.90	0.00
S02	-3.31	7.54	S19	-3.31	7.54
S03	-2.31	2.68	S20	-2.31	2.68
S04	-2.66	1.97	S21	-2.66	1.97
S05	-4.04	3.66	S22	-4.04	3.66

续表

部门	下限 (α_i, %)	上限 (β_i, %)	部门	下限 (α_i, %)	上限 (β_i, %)
S06	−3.23	4.04	S23	−3.23	4.04
S07	−3.75	3.19	S24	−3.75	3.19
S08	−4.90	7.45	S25	−4.90	7.45
S09	−1.47	3.63	S26	−1.47	3.63
S10	−2.52	3.84	S27	−2.52	3.84
S11	−3.87	1.13	S28	−3.87	1.13
S12	−1.54	5.35	S29	−1.54	5.35
S13	−0.79	2.19	S30	−0.79	2.19
S14	−2.55	6.09	S31	−2.55	6.09
S15	−3.68	6.60	S32	−3.68	6.60
S16	−4.90	7.68	S33	−4.90	7.68
S17	−4.90	7.68			

　　时间维度上的外生参数主要包括 GDP 增长率下限、能源消费量增长率上限及 CO_2 排放量增长率上限(表4-5)。GDP 增长率下限是保证社会经济稳定的重要参数,本章根据 1980—2014 年 GDP 增长率趋势对其进行了限定。能源消费增长率上限则根据历史数据及《能源发展战略行动计划(2014—2020)》进行了限定。

　　本章将 CO_2 排放增长率分为达峰年份前和达峰年份后区别考虑。达峰年份前,CO_2 排放增长率上限从 2010 年的 6% 线性下降为 0。达峰年份后,根据世界上碳排放已经达峰国家的历史经验,CO_2 排放增长率上限被设为线性下降。

表 4-5　时间维度的外生参数

年份	GDP 增长率 下限(λ_i, %)	能源消费增长率 上限(μ_{1t}, %)	CO_2 排放增长率上限(φ_{1t}, %)		
			2025 年达峰	2030 年达峰	2035 年达峰
2010	8.0	6.4	6.00	6.00	6.00

年份	GDP 增长率下限(λ_i，%)	能源消费增长率上限(μ_{1t}，%)	CO$_2$ 排放增长率上限(φ_{1t}，%)		
			2025 年达峰	2030 年达峰	2035 年达峰
2011	7.8	6.3	5.63	5.71	5.77
2012	7.6	6.2	5.25	5.43	5.54
2013	7.4	6.1	4.88	5.14	5.31
2014	7.2	6.0	4.50	4.86	5.08
2015	7.0	5.9	4.13	4.57	4.85
2016	6.8	5.8	3.75	4.29	4.62
2017	6.6	5.7	3.38	4.00	4.38
2018	6.4	5.6	3.00	3.71	4.15
2019	6.2	5.5	2.63	3.43	3.92
2020	6.0	5.4	2.25	3.14	3.69
2021	5.8	5.3	1.88	2.86	3.46
2022	5.6	5.2	1.50	2.57	3.23
2023	5.4	5.1	1.13	2.29	3.00
2024	5.2	5.0	0.75	2.00	2.77
2025	5.0	4.9	0.37	1.71	2.54
2026	4.8	4.8	−0.50	1.43	2.31
2027	4.6	4.7	−0.70	1.14	2.08
2028	4.4	4.6	−0.90	0.86	1.85
2029	4.2	4.5	−1.10	0.57	1.62
2030	4.0	4.4	−1.30	0.29	1.38
2031	3.8	4.3	−1.50	−0.50	1.15
2032	3.6	4.2	−1.70	−0.70	0.92
2033	3.4	4.1	−1.90	−0.90	0.69
2034	3.2	4.0	−2.10	−1.10	0.46
2035	3.0	3.9	−2.30	−1.30	0.23
2036	2.8	3.8	−2.50	−1.50	−0.50
2037	2.6	3.7	−2.70	−1.70	−0.70
2038	2.4	3.6	−2.90	−1.90	−0.90
2039	2.2	3.5	−3.10	−2.10	−1.10
2040	2.0	3.4	−3.30	−2.30	−1.30

第六节　结果分析与讨论

一、中国碳排放达峰路径

在社会福利最大化的目标下,求得中国碳排放 2030 年达峰的最优排放路径。第一,中国 GDP 增速呈现明显的下降趋势,2030 年降为 4.72%(图 4-5)。中国 GDP 年均增速从"十二五"的 9.64% 降至"十五五"的 5.18%。2030 年后,中国 GDP 增速将低于 4.50%。

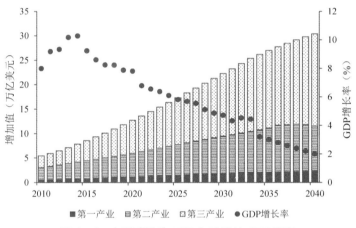

图 4-5　中国碳排放 2030 年达峰的 GDP 路径

经济增长与碳排放的关系主要受两个因素影响:一是能源强度,即单位 GDP 能源消耗量;二是能源碳密度,即单位能源 CO_2 排放量。根据定义,碳排放量等于 GDP、能源强度以及能源碳密度三者的乘积。因此,碳排放总量由 GDP 总量、能源强度和能源碳密度决定(齐晔,2014)。

中国碳排放达峰之后,排放增长率应该为负。这意味着 GDP 增长产生的增碳效应被能源强度和能源碳密度下降带来的减碳效应所中和。因此,碳排放达峰成为国家经济增速的一个约束。一些学者预测中国经济在 2030 年前仍可保持不低于7%的高速增长,这从经济角度或许是可行的(齐晔,2014)。但本研究表明,中国要实现碳排放峰值目标,几乎不可能保持这种高速增长。

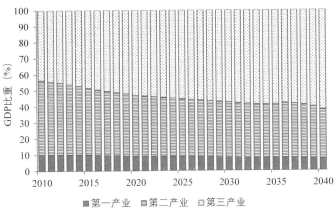

图4-6 中国碳排放2030年达峰的产业结构变化

第二,中国第三产业比重不断提升,而第二产业比重不断下降。第三产业比重由2010年的43.65%提升至2030年的57.50%(图4-6)。相应地,第二产业比重从46.19%降至34.19%。第一产业比重呈现缓慢下降的趋势,2030年后稳定在8%左右。

产业结构调整是降低能源强度的有效措施。2014年,中国第一、第二及第三产业的能源强度分别为3.44、41.38及2.78 GJ/千美元。第二产业能源强度约是第三产业的15倍,因此,第三产业比重提升可有效降低能源强度。

在最优减排路径下,能源强度较低部门的增加值增长较快;相反地,能源强度较高部门的增加值增长较慢甚至下降。2030年,占GDP比重较高的部门是S19(批发和代办贸易业)、S28(房地产业)及S27(金融业),分别为11.79%、9.16%及8.70%。2010—2030年,三部门增加值的年均增速均在10%以上。相反地,一些部门增加值呈现下降趋势,包括部门S02(采矿业)、S07(造纸、印刷及出版业)、S09(化学药品及化工产品业)及S18(建筑业)。

第三,中国能源消费增速下降,非化石能源比例不断提高。能源消费量和

CO_2 排放量直接相关,因此碳排放达峰便在一定程度上限制了能源消费总量的增长。中国能源消费总量年均增速从"十二五"的 5.70% 降至"十五五"的 0.97%(图 4 - 7)。

能源结构升级是降低能源碳密度的有效途径。煤炭、石油、天然气的能源碳密度依次降低,而非化石能源基本不产生碳排放。中国十分重视非化石能源的发展,计划到 2020 年非化石能源占一次能源消费比重达到 15%(国务院办公厅,2014),2030 年达到 20%(新华社,2014)。本章研究表明,中国碳排放 2030 年达峰的最优路径下,非化石能源占比将于 2020 年和 2030 年分别达到 17.11% 和 20.17%。

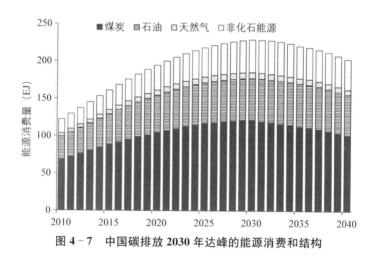

图 4 - 7 中国碳排放 2030 年达峰的能源消费和结构

第四,中国能源强度和碳强度均大幅下降。2010—2030 年,中国 GDP 翻了两番,而能源消费量和 CO_2 排放量分别增长 87.69% 和 80.15%(图 4 - 8)。能源强度和碳强度分别下降 54.26% 和 56.10%。

中国各部门的能源强度和碳强度也大幅下降。图 4 - 9 和图 4 - 10 分别展示了中国各部门的能源分布图和碳排放分布图。图中横坐标是部门的累积增加值,纵坐标是各部门的能源强度或碳强度,面积代表能源消费量或 CO_2 排放

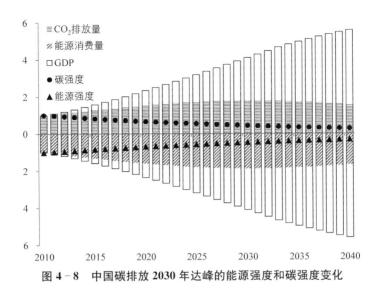

图 4 - 8　中国碳排放 2030 年达峰的能源强度和碳强度变化

量。由图可见,各部门的能源强度和碳强度大幅下降,且煤炭消费比重和煤炭导致的碳排放量比重均下降。

二、中国碳排放达峰年份

根据《中美气候变化联合声明》,中国计划 2030 年 CO_2 排放达到峰值且"努力早日达峰"。本部分探讨中国碳排放最早何时能够达峰。

值得强调的是,回答某国碳排放最早何时达峰,一定是在特定前提条件下进行的。中国碳排放提前达峰必须在可接受代价下完成,这些代价包括社会稳定、经济增长、能源安全、环境容量以及区域公平等方面(魏一鸣等,2012)。本章主要考虑了一个关键指标,即 GDP 增速。"十二五"至"十五五"给定的 GDP 最低年均增速为 7.5%、6.5%、5.5% 和 4.5%。

在 GDP 增速约束下,将模型的目标函数改为达峰年份($\bar{t}$)最小化:

$$Min \quad \bar{t} \qquad\qquad (4-31)$$

结果表明,在保证"十二五"至"十五五"GDP 年均增速分别不低于 7.5%、6.5%、5.5% 及 4.5% 的前提下,中国碳排放最早于 2026 年达到峰值。

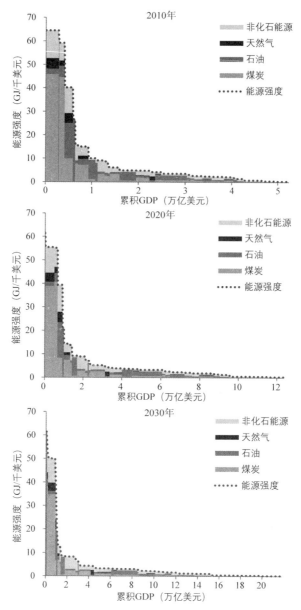

图 4-9 中国各部门能源分布图

注：图中部门不包含 S08 和 S17。

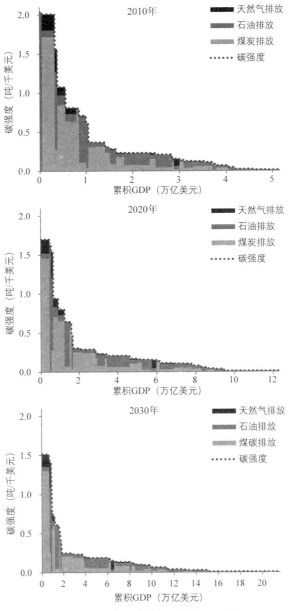

图 4 - 10　中国各部门碳排放分布图
注：图中部门不包含 S11、S17 和 S24。

三、中国碳排放达峰成本

碳排放峰值目标是对国家经济增长和能源消费的约束,提前达峰会对社会经济系统产生影响。本章分别评估了中国碳排放在2026—2035年达峰的最优排放路径。图4‑11至图4‑14分别展示了不同达峰年份下的碳排放、能源消费、GDP及消费。从图可知,中国碳排放达峰年份越早,碳排放量和能源消费量越小;但是,GDP和消费量也会降低。

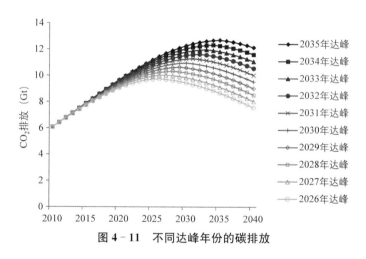

图4‑11　不同达峰年份的碳排放

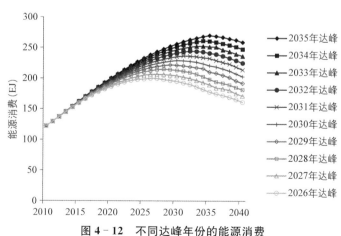

图4‑12　不同达峰年份的能源消费

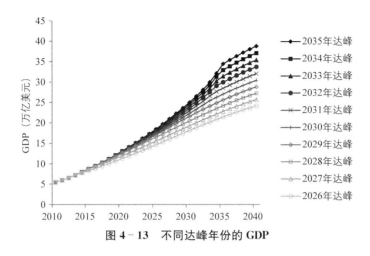

图 4 - 13 不同达峰年份的 GDP

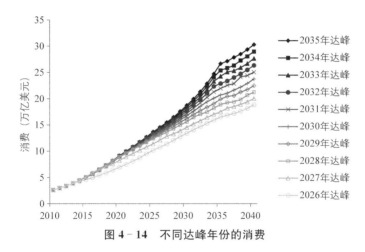

图 4 - 14 不同达峰年份的消费

中国碳排放达峰年份越早,损失越大。碳排放提前达峰可大幅降低 CO_2 排放量,但 GDP 也随之下降(表 4 - 6)。如果碳排放 2030 年达峰,中国 2010—2030 年累积 CO_2 排放量为 190.29 Gt,累积 GDP 为 275.34 万亿美元。以碳排放 2030 年达峰作为基准,提前达峰可减少 1.18%~5.40% 的 CO_2 排放量,但 GDP 也会相应降低 1.41%~12.53%。

表 4-6   不同达峰年份碳排放与 GDP

达峰年份	累积 CO_2 排放 （Gt）	累积 GDP （万亿美元）	CO_2 减 排比例 （%）	GDP 损 失比例 （%）
2030	190.29	275.34	—	—
2029	188.05	271.45	1.18	1.41
2028	185.62	264.92	2.45	3.78
2027	182.93	253.83	3.87	7.81
2026	180.02	240.85	5.40	12.53

注：累积 CO_2 排放和累积 GDP 是 2010—2030 年的累积量；CO_2 减排比例和 GDP 损失比例是以 2030 年达峰为基准。

四、灵敏度分析

本章主要的外生参数包括产业结构调整上下限、GDP 增长率下限、能源消费增长率上限、CO_2 排放增长率上限以及人口。为检验模型的稳健性，本章分别评估这些外生参数提高 5% 以及降低 5% 对模型结果的影响。

图 4-15 和 4-16 分别展示了外生参数对累积 GDP 和碳排放的影响。结果表明，CO_2 增长率上限对结果的影响最大，而人口对结果没有影响。所有的影响都在 3% 以内，说明模型比较稳健。

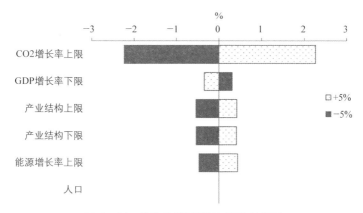

图 4-15   外生参数对累积 GDP 的影响

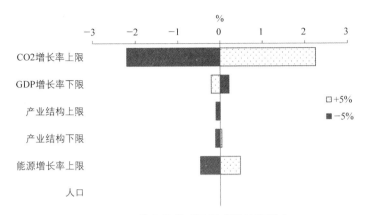

图 4‑16　外生参数对累积碳排放的影响

第七节　结论及政策启示

作为世界第一大碳排放国,中国的排放峰值对全球应对气候变化影响巨大。本章基于投入产出表建立了动态优化模型 IMEC,来评估中国的低碳发展路径。基于前面的结果分析,可以得到以下几个结论:

(1) 中国要实现 2030 年碳排放峰值目标,GDP 年均增速到"十五五"可能低于 5%,2030 年后低于 4.5%。碳排放达峰之后,GDP 增长产生的增碳效应被能源强度和能源碳密度下降带来的减碳效应所中和。因此,2030 年碳排放达峰成为国家经济增速的一个约束。中国要实现 2030 年碳排放峰值目标,在未来 20 年几乎不可能保持 7% 的经济高速增长。

(2) 中国碳排放达到峰值后,能源消费总量也随之达峰。能源消费量和 CO_2 排放量直接相关,因此碳排放达峰便限制了能源消费总量的增长。中国能源消费总量年均增速从"十二五"的 5.70% 降至"十五五"的 0.97%。

(3) 在保证"十二五"至"十五五"的四个五年计划期间,GDP 年均增速分别不低于 7.5%、6.5%、5.5% 及 4.5% 的前提下,中国碳排放最早于 2026 年达到峰值。

（4）中国碳排放提前达峰，能源消费量和 CO_2 排放量会大幅下降，但 GDP 和消费均会下降。而且达峰年份越早，GDP 下降比例越大。和碳排放 2030 年达峰相比，提前达峰可减少 1.18%～5.40% 的 CO_2 排放量，但 GDP 会下降 1.41%～12.53%。

第八节　小结：碳排放达峰的路径

中国提出 2030 年 CO_2 排放达到峰值的目标，为中国应对气候变化行动提出了新的要求。本章基于投入产出表建立了评估经济、能源与气候变化的动态优化模型——IMEC 模型，模拟了中国的低碳发展路径。在社会福利最大化的目标下，综合经济增速、产业结构、能源结构及能源效率等方面，探索了碳排放在不同年份达峰的最优排放路径，并且评估了中国碳排放在 2030 年之前达峰的社会成本。结果表明，在 2030 年碳排放达峰目标的约束下，中国 GDP 增速受到影响，2030 年后将低于 4.5%。在保证"十二五"至"十五五"的四个五年计划期间，GDP 年均增速分别不低于 7.5%、6.5%、5.5% 及 4.5% 的前提下，中国碳排放最早于 2026 年达到峰值。和 2030 年碳排放达峰相比，提前达峰会造成 1.41%～12.53% 的 GDP 下降。

碳排放峰值目标在一定程度上给能源消费量和经济增速设定了约束，影响到社会经济系统的各个方面。目前的研究还存在一些不足之处，许多工作尚待进一步研究：

首先，本章以 2009 年为基础年，模拟中国 2010—2040 年的低碳发展路径。这主要受限于数据的可获得性，因为世界投入产出数据库（WIOD）提供的社会经济及环境数据更新至 2009 年。未来的研究需要收集更新的数据，GTAP 数据库是进一步研究的较好选择（Walmsley et al.，2012）。

其次,IMEC 模型需要进一步改进。它综合经济、能源、环境及气候变化等多方面,模拟中国低碳发展道路。为了更准确、更详细地分析中国社会经济发展,未来研究需要改进模型。一方面,模型需要考虑更多的细节,比如能源结构、投资消费结构、水资源、环境容量以及区域公平等。另一方面,模型的外生参数需要进一步被评估。IMEC 模型包含很多外生参数,对模型结果有较大影响。需要通过参考政府规划、阅读文献、咨询专家等途径进一步评估参数,使模型更准确地反映社会实际情况。

此外,降低 CO_2 排放具有改善环境的协同效应。能源消耗既排放出大量的 CO_2,也是其他众多污染物(如二氧化硫、氮氧化物等)的主要来源。未来研究可以分析中国实现 CO_2 排放达峰目标的协同效益,重新评估减排的社会成本。

第五章 中国区域减缓气候变化政策效果评估
——基于 CCMI 模型

第一节 引言

气候变化对人类社会及自然系统都存在潜在的风险(Wei et al., 2014a)。政府间气候变化专门委员会第五次评估报告指出,人类活动对气候系统的影响是明确的,全球变暖很有可能产生"严重的、普遍的且不可逆转的"后果(IPCC,2014a)。为防止给气候系统带来"危险的人为干扰",减缓气候变化已经成为各国的重要任务之一(Scrieciu et al., 2013)。作为世界上最大的碳排放国和能源消费国,中国 2012 年化石燃料导致的 CO_2 排放占全球总量的 25.9%(IEA,2014;Li et al., 2015)。1990—2012 年,超过一半的新增 CO_2 排放来自于中国(图 5-1)(Feng et al., 2013;IEA,2014)。因此,中国在碳减排方面的表现对全球气候变化减缓行动至关重要。

面临国际的减排压力以及国内的能源供应不足和环境污染等问题,中国已经积极采取措施减少温室气体排放。中国计划在 2006—2020 年期间将碳强度(单位 GDP 的 CO_2 排放)降低 40%~45%(Liu et al., 2013)。在 2014 年 11 月 12 日发布的《中美气候变化联合声明》中,中国政府宣布于 2030 年达到 CO_2 排放峰值,并将非化石能源占一次能源消费比例提高至 20%(新华社,2014)。

为实现气候相关目标,降低碳排放的任务经常被分配到各地区或者各部门。中国的减排目标主要通过各地区进行分解。中国计划在"十二五"期间将能源强度(单位 GDP 的能源消费)下降 16%,碳强度下降 17%(新华社,2011)。综合考虑发展水平、产业结构、节能潜力、环境容量及国家产业布局等因素,全

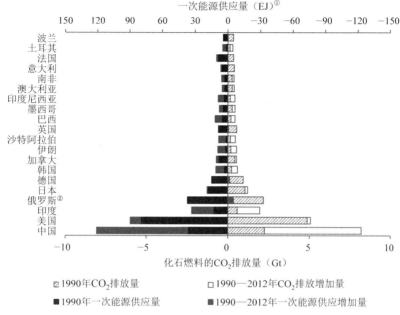

图 5 - 1　主要国家的 CO_2 排放量及能源供应量（1990—2012）

注：① EJ 表示 10^{18} 焦耳，Gt 表示 10^9 吨。

　　② 俄罗斯 1990 年的数据是苏联当年在俄罗斯地区上的数据。

数据来源：国际能源署（IEA，2014）。

国节能减排目标被分解到各省份。能源强度下降目标分为五档，分别为 18%（5 个省）、17%（4 个省）、16%（12 个省）、15%（6 个省）及 10%（4 个省）（国务院办公厅，2011）。东部沿海较发达省份的减排目标相对较高，比如天津、上海、广东等地区的能源程度下降目标为 18%。西部欠发达地区的减排目标相对较低，比如西藏、青海、新疆等地区的能源强度下降目标为 10%。因此，评估中国省际的减缓气候变化政策效果是非常必要的（Liu et al.，2012）。

　　国际合作是全球应对气候变化的焦点之一，因此，已经有很多工具来评价国家的减缓气候变化政策效果。IPCC 第五次评估报告在考虑社会发展水平和能力的基础上评估了发达国家和发展中国家的气候政策表现（IPCC，2014b）。这些政策被分为经济工具、法规途径、信息政策、政府提供公共产品和服务以及自愿行动。范斯吕斯维尔德等（Van Sluisveld et al.，2013）比较了美国、欧盟、日本、中国和印度五大经济体2020年后的减排行动，指出印度和美国重视使用碳储存技术延长化石能源消费，而中国和欧盟倾向于发展低碳的非化石能源。加尔文等（Calvin et al.，2012）使用23个模型评估了哥本哈根协议中各国的气候政策目标，发现美国、欧盟、日本和韩国需要重大政策行动才能实现目标，而印度可在不采取减排措施的情景下实现目标。科尼达里和马夫拉基斯（Konidari and Mavrakis，2007）利用多属性理论评估丹麦、德国、荷兰、英国等八个欧洲国家减缓气候变化政策的表现。结果表明荷兰具有更好的减缓气候变化表现。

一些机构通过建立指标体系的方法评估国家的减缓气候变化政策效果。"德国观察"协会（Germanwatch）建立了气候变化表现指数，评估并比较了58个国家保护气候的表现。此指标包含13个客观指标以及2个主观指标。主观指标由来自全球不同国家的200个专家确定（Burck et al.，2014b）。普华永道（PwC）建立了低碳经济指数评价了20国集团（G20）国家的低碳化水平。结果表明，基于IPCC第五次评估报告的碳预算，全球经济碳强度在2100年前需要每年下降6.0%（PwC，2013）。美国安全项目（American Security Project）建立气候变化和全球安全防御指数，分析了全球各政府如何预测和应对气候变化战略威胁，发现全球70%以上的国家都视气候变化为重大国家安全问题（Holland and Vagg，2013）。"双重居民"咨询公司（Dual Citizen）建立全球绿色经济指数，评估了27个国家在经济发展中的环境可持续行动（Dual Citizen，2012）。

目前，很少有文献从国家内区域层面上评估减缓气候变化的努力。一些学者从低碳发展、绿色经济、能源和环境效率角度，侧面分析了中国区域的减缓气候变化政策效果（Sueyoshi and Goto，2012；Zhou et al.，2010；Zhou et al.，2008）。王科（Wang et al.，2013）使用数据包络分析（DEA）方法评估了中国区域的能源与环境效率，指出中国东部地区的能源和环境效率高于西部地区。普赖斯等（Price et al.，2013）建立了省级和城市水平的低碳指标体系，评估了中国30个省、自治区和直辖市的低碳发展的表现。潘家华等（2013）构建了中国城市低碳发展综合评价指标体系,排序与解读了中国110个城市的低碳发展综合水平。

因此,本章构建气候变化减缓指数(CCMI),来评价国家内区域层面的减缓气候变化政策效果(Mi et al.,2017)。此指数主要目的是表彰减缓气候变化表现较好的区域,同时给予表现较差区域压力,并且根据评价结果为减缓气候变化事业提出建议。

第二节 模型方法

一、研究框架

图5-2展示了CCMI用于评估中国区域减缓气候变化政策效果的框架。首

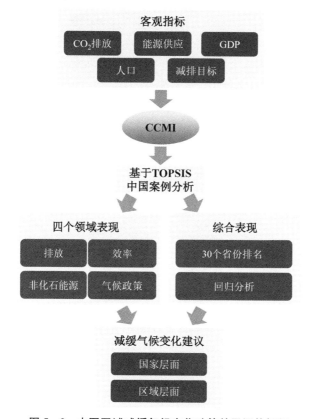

图5-2 中国区域减缓气候变化政策效果评估框架

先,基于 15 个客观指标建立气候变化减缓指数(CCMI)。其次,基于理想解法
(TOPSIS)方法,CCMI 用于评估中国 30 个省份的减缓气候变化政策效果。再次,
从排放、效率、非化石能源及气候政策四个领域分析各省份的表现,并且对各省份
进行综合排名。最后,从国家层面及区域层面,为中国减缓气候变化行动提出建议。

二、指标及权重

CCMI 由 15 个客观指标集结而成。所有指标分为四类,即排放、效率、非
化石能源及气候政策。前三类的当前水平值以及近期变化值都进行了测量。
图 5 - 3 展示了 CCMI 的所有指标以及相应权重。

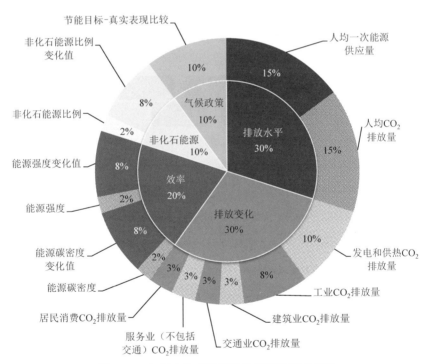

图 5 - 3 气候变化减缓指数的指标及相应权重

(一) 排放

化石能源燃烧导致的 CO_2 是人类导致气候变化的主要原因(Sueyoshi and

Goto，2012)，经常作为评价气候政策效果的重要指标。它在 CCMI 中的权重最大，为 60%。当前排放水平值和排放变化值各为 30%。

当前排放水平用两个独立指标测量，分别为人均 CO_2 排放量(15%)和人均一次能源供应量(15%)。此指标体系接受平等主义原则，即每个人拥有平等的大气使用权(Baer et al.，2000；Oberheitmann，2010)。因此，排放水平的指标采用人均值而不是总量值。

本章只测量了化石燃料燃烧排放的 CO_2 排放，而其他途径(如土地利用变化)的排放因数据不可获得没有考虑(Chen and He，2016；Yu et al.，2014；魏一鸣等，2008)。CO_2 排放采用《2006 年 IPCC 国家温室气体清单指南》提供的方法计算(IPCC，2006；Tang and Nan，2013)。

$$T_j = \sum_{i=1}^{m} \left[(A_{ij} - S_{ij}) e_i c_i O_i \times 44/12 \right] \tag{5-1}$$

其中，T_j 是区域 j 的 CO_2 排放总量，A_{ij} 是区域 j 能源品种 i 的消费量，S_{ij} 是区域 j 能源品种 i 非燃烧使用量(作为原料、材料等非能源产品)，e_i 是能源品种 i 的发热量，c_i 是能源品种 i 的单位热值含碳量，O_i 是能源品种 i 的氧化率。44/12 是碳占二氧化碳的分子重量比例，m 表示能源品种数量，$i = 1, 2, \ldots,$ m，$j = 1, 2, \ldots, 30$。消耗能源的部门分为加工转换部门(火力发电和供热)和终端消费部门(农、林、牧、渔、水利业，工业，建筑业，交通运输、仓储和邮政业,批发、零售业和住宿、餐饮业,其他服务业,居民消费)。能源有 27 种,包括原煤、洗精煤、其他洗煤、型煤、煤矸石、焦炭、焦炉煤气、高炉煤气、转炉煤气、其他煤气、其他焦化产品、原油、汽油、煤油、柴油、燃料油、石脑油、润滑油、石蜡、溶剂油、石油沥青、石油焦、液化石油气、炼厂干气、其他石油制品、天然气以及液化天然气。

人均一次能源供应量是排放水平的另一个指标。尽管 CO_2 排放是从化石能源消费量计算得来,但由于能源结构差异,碳排放量和能源供应量不完全等价。考虑到能源供应能力是有限的,因此人均一次能源供应量是人均 CO_2 排放量的一个重要补充(Burck et al.，2014a)。

为了更加细致地分析各区域在减缓气候变化方面的表现,CO_2排放被分为能源部门、工业、建筑业、交通业、服务业(不包括交通)以及居民消费。根据中国统计数据口径(国家统计局,2013a),能源部门包括火力发电和供热,交通业包括交通运输、仓储和邮政业。各部门的权重在其碳排放量占比的基础上进行设置。

农业部门产生的CO_2排放量变化值没有被考虑,主要有两方面原因:其一,农业部门的CO_2排放量相对较少。2012年,中国农业部门排放1.41亿吨CO_2,占全国总排放的1.4%;其二,提供粮食的农业是人类社会的基础产业。随着人口的增长,农业部门适当的排放增加是合理的。

各指标的变化值通过下面公式获得:

$$\alpha_{jk,t} = (L_{jk,t} - L_{jk,t-1})/L_{jk,t-1} \qquad (5-2)$$

其中,$\alpha_{jk,t}$是第t年区域j指标k的变化值,$L_{jk,t}$是第t年区域j指标k的水平值,$L_{jk,t-1}$是第$t-1$年区域j指标k的水平值。

(二) 效率

提高能源效率和碳效率是控制碳排放的有效途径(Scrieciu et al.，2014; Streimikiene et al.，2012),尤其是对能源消费量仍在快速增长的中国来说。此部分包括两个指标,分别为能源强度(单位GDP的一次能源供应量)和能源碳密度(单位能源供应的CO_2排放量)。两个指标的水平值和变化值的权重分别为2%和8%。

能源强度是衡量能源效率的指标,主要体现了经济系统的效率和结构(Burck et al.，2014a)。能源碳密度是衡量碳效率的指标,主要反映了发电系统效率及能源结构。

(三) 非化石能源

发展非化石能源是另一个降低CO_2排放的有效方法(IPCC，2011; Streimikiene and Balezentis，2013)。非化石能源比例在CCMI中贡献了

10%。其中,非化石能源比例的变化值占 8%。考虑到部分省份的非化石能源占一次能源供应比例已经很高,提高的潜力有限,因此设非化石能源比例水平值的权重为 2%。

某区域的非化石能源包括两个部分:第一部分是自产一次能源中的非化石能源,第二部分是调入的热力和电力。区域 2 从区域 1 调入热力(b_1)和电力(b_2)(图 5-4)。两区域的一次能源供应总量分别为 p_1 和 p_2,自产一次能源中的非化石能源分别为 r_1 和 r_2。那么,两区域的非化石能源比例分别为:

$$\beta_1 = (r_1 - b_1 - b_2)/P_1 \tag{5-3}$$

$$\beta_2 = (r_2 + b_1 + b_2)/P_2 \tag{5-4}$$

其中,β_1 和 β_2 分别为区域 1 和区域 2 的非化石能源比例。当某区域热力和电力净调出量比核能及可再生能源供应量大(例如 $b_1 + b_2 > r_1$),其非化石能源为负。

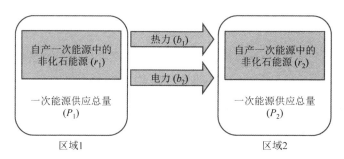

图 5-4 非化石能源比例核算

(四)气候政策

气候政策的权重为 10%,通过节能目标与真实表现的比较进行评估。为实现节能减排目标,中国设定了"十二五"期间单位 GDP 能源消费下降 16%、单位 GDP 碳排放下降 17% 的目标(新华社,2011)。综合考虑发展水平、产业结构、节能潜力、环境容量及国家产业布局等因素,全国目标被分解到各省份(国务院

办公厅,2011)。本章假设下降目标平均分到五年。节能目标与真实表现的比较通过下面公式获得:

$$\gamma_j = (G_j - \overline{G_j})/\overline{G_j} \qquad (5-5)$$

其中,γ_j是区域j的节能目标与真实表现的比较,$\overline{G_j}$是区域j的能源强度下降目标,G_j区域j能源强度的真实下降。值得注意的是,由于一些长期气候政策需要几年甚至几十年发挥作用(Scrieciu and Chalabi,2014),本指标并不能完全反映某区域气候政策的全部效果。

三、综合指标方法

通过 TOPSIS 方法将 15 个加权指标合成气候变化减缓指数。TOPSIS 于 1981 年被提出,是一种被广泛使用的多准则评价方法(Hwang and Yoon,1981)。其基本原理是通过检测评价对象和最优解、最劣解的距离来排序。评价对象最靠近最优解同时又最远离最劣解,则为最好。其中,最优解的所有指标均达到最优值;而最劣解的所有指标均达到最劣值(Ertuğrul and Karakaşoglu,2009)。

所有指标被分为效益型指标和成本型指标。效益型指标的值越大越好,而成本型指标的值越小越好。比如,非化石能源比例为效益型指标,而人均 CO_2 排放为成本型指标。由于评价指标的量纲及属性不同,在进行综合评价之前需将数值进行规范化处理,包括无量纲化和同方向化(即统一为效益型指标)。

效益型指标的规范化公式为:

$$Y_{jk} = 100\left(\frac{X_{jk} - X_k^{\min}}{X_k^{\max} - X_k^{\min}}\right) \qquad (5-6)$$

成本型指标的规范化公式为:

$$Y_{jk} = 100\left(\frac{X_k^{\max} - X_{jk}}{X_k^{\max} - X_k^{\min}}\right) \qquad (5-7)$$

其中,Y_{jk}是区域j指标k的规范化指标,X_{jk}是区域j指标k的实际值,

$X_k^{\min} = \min_j X_{jk}$，$X_k^{\max} = \max_j X_{jk}$。

通过此种方法,所有规范化指标均为效益型指标,最大值为 100,最小值为 0。在单一指标上表现最好的区域可以得到满分,相反,表现最差的区域得零分。100 分是可获得的,但它并不表示减缓气候变化的最优努力,而是相对其他区域较优(Burck et al.,2014a)。同样地,零分也不意味着该区域没有任何努力,而是相对其他区域较差。

区域 j 与最劣解的距离为:

$$d_j^- = \sqrt{\sum_{k=1}^n \omega_k^2 (Y_{jk} - Y_k^{\min})^2} \qquad (5-8)$$

区域 j 与最优解的距离为:

$$d_j^+ = \sqrt{\sum_{k=1}^n \omega_k^2 (Y_k^{\max} - Y_{jk})^2} \qquad (5-9)$$

其中,d_j^- 是区域 j 与最劣解的距离,d_j^+ 是区域 j 与最优解的距离,Y_{jk} 是区域 j 指标 k 的归一化指标,ω_k 是指标 k 的权重,$Y_k^{\min} = \min_j Y_{jk}$,$Y_k^{\max} = \max_j Y_{jk}$,$n$ 是指标个数(目前 $n=15$)。

CCMI 的综合得分为:

$$I_j = d_j^- / (d_j^- + d_j^+) \qquad (5-10)$$

其中,I_j 是区域 j 的综合得分。

四、影响因素评估方法

资源禀赋和社会发展水平会影响区域的碳排放。它们对 CCMI 的影响通过线性回归模型进行评估。能源自给率作为资源禀赋的指标,而人均 GDP 和城镇化率作为社会发展水平的指标。因此,三个回归方程为:

$$I_j = \lambda_f + \mu_f h_{fj} + \varepsilon_{fj} \quad (f=1,2,3) \qquad (5-11)$$

其中,I_j 是区域 j 的综合得分,λ_f 和 μ_f 是回归系数,h_{1j}、h_{2j} 和 h_{3j} 分别是

区域 j 的能源自给率、人均 GDP 和城镇化率，ε_{fj} 是误差项。

第三节　数据来源

本章使用区域数据评估了中国省级的减缓气候变化政策效果。其中，GDP 和人口数据来自《中国统计年鉴 2013》（国家统计局，2013b），能源数据来自《中国能源统计年鉴 2012》（国家统计局，2012a）及《中国能源统计年鉴 2013》（国家统计局，2013a）。CO_2 排放数据采用《2006 年 IPCC 国家温室气体清单指南》（IPCC，2006）提供的方法计算得到。其中，计算 CO_2 排放的相关系数如表 5-1 所示。表 5-2 展示了各省份 2012 年的 GDP、人口、能源供应量、碳排放量及节能目标。

表 5-1　计算 CO_2 排放的相关系数及数据来源

能源品种	平均低位发热量 （MJ/kg；MJ/m³）	单位热值含碳量（kg-C/GJ）	氧化率	折标准煤系数 （kg ce/kg；kg ce/m³）
原煤	20.908[①]	27.6[④]	0.93[④]	0.7143[①]
洗精煤	26.344[①]	27.6[④]	0.93[④]	0.9000[①]
其他洗煤	8.363[①]	27.6[④]	0.93[④]	0.2857[①]
型煤	17.774[④]	33.6[②]	0.90[②]	0.6072[①]
煤矸石	5.854[④]	27.6[④]	0.93[④]	0.2000[①]
焦炭	28.435[①]	29.5[④]	0.93[④]	0.9714[①]
焦炉煤气	16.726[①] MJ/m³	12.1[③]	0.93[④]	0.5714[①] kg ce/m³
高炉煤气	3.764[④] MJ/m³	70.8[③]	0.93[④]	0.1286[①] kg ce/m³
转炉煤气	7.944[④] MJ/m³	12.1[①]	0.93[④]	0.2714[①] kg ce/m³
其他煤气	5.228[④] MJ/m³	12.1[①]	0.93[④]	0.1786[①] kg ce/m³
其他焦化产品	33.780[①]	29.5[②]	0.93[②]	1.1540[①]
原油	41.816[①]	20.1[②]	0.98[②]	1.4286[①]
汽油	43.070[①]	18.9[②]	0.98[②]	1.4714[①]
煤油	43.070[①]	19.6[②]	0.98[②]	1.4714[①]
柴油	42.652[①]	20.2[②]	0.98[②]	1.4571[①]

能源品种	平均低位发热量 （MJ/kg；MJ/m³）	单位热值含碳 量(kg - C/GJ)	氧化率	折标准煤系数 （kg ce/kg；kg ce/m³）
燃料油	41.816①	21.1②	0.98②	1.4286①
石脑油	44.5③	20.0②	0.98②	1.5000①
润滑油	40.2③	20.0②	0.98②	1.4143①
石蜡	40.2③	20.0②	0.98④	1.3648①
溶剂油	40.2③	20.0②	0.98④	1.4672②
石油沥青	40.2③	22.0②	0.98②	1.3100①
石油焦	32.5③	27.5②	0.98②	1.0500①
液化石油气	50.179①	17.2②	0.98②	1.7143①
炼厂干气	45.998①	18.2②	0.98②	1.5714①
其他石油制品	40.2③	20.0②	0.98②	1.3300①
天然气	38.931① MJ/m³	15.3②	0.99②	1.3300① kg ce/m³
液化天然气	44.2③	17.2②	0.98②	1.7572①

数据来源：①《中国能源统计年鉴 2013》；②《省级温室气体清单编制指南(试行)》；③《2006年 IPCC 国家温室气体清单指南》；④缺失值按以下方法处理：(1)平均低位发热量缺失值(型煤、煤矸石、高炉煤气、转炉煤气、其他煤气、其他焦化产品)，假设其单位标准煤的低位发热量与"焦炭"单位标准煤的低位发热量相同。(2)单位热值含碳量缺失值，原煤、洗精煤、其他洗煤、煤矸石，取《2006年 IPCC 国家温室气体清单指南》中 Lignite(褐煤)的值；转炉煤气、其他煤气，取《2006年 IPCC 国家温室气体清单指南》中 Coke Oven Gas(焦炉煤气)的值。(3)氧化率的缺失值，煤炭制品取 0.93，石油制品取 0.98。

表 5 - 2　各省 2012 年 GDP、人口、能源供应量、碳排放量及节能目标

	GDP		人口		一次能源供应量		CO_2 排放量		节能 目标（%）
	（十亿）	占比 （%）	（百万）	占比 （%）	（百万吨 标准煤）	占比 （%）	（百万吨）	占比 （%）	
北京	1392	3.1	21	1.5	60	1.4	103	1.0	17
天津	1092	2.4	14	1.1	77	1.8	181	1.8	18
河北	2123	4.7	73	5.4	289	6.8	790	7.9	17
山西	896	2.0	36	2.7	201	4.7	494	4.9	16
内蒙古	1119	2.5	25	1.9	274	6.4	699	6.9	15
辽宁	1902	4.2	44	3.3	238	5.6	519	5.2	17
吉林	924	2.0	28	2.0	105	2.5	250	2.5	16
黑龙江	1200	2.7	38	2.9	132	3.1	282	2.8	16

	GDP		人口		一次能源供应量		CO_2 排放量		节能目标(%)
	(十亿)	占比(%)	(百万)	占比(%)	(百万吨标准煤)	占比(%)	(百万吨)	占比(%)	
上海	1828	4.0	24	1.8	105	2.5	211	2.1	18
江苏	4284	9.5	79	5.9	280	6.6	671	6.7	18
浙江	2769	6.1	55	4.1	165	3.9	394	3.9	18
安徽	1275	2.8	60	4.5	129	3.0	315	3.1	16
福建	1567	3.5	37	2.8	104	2.4	235	2.3	16
江西	940	2.1	45	3.3	67	1.6	156	1.6	16
山东	4134	9.1	97	7.2	371	8.7	926	9.2	17
河南	2392	5.3	94	7.0	197	4.6	544	5.4	16
湖北	1600	3.5	58	4.3	161	3.8	403	4.0	16
湖南	1594	3.5	66	4.9	135	3.2	300	3.0	16
广东	4821	10.7	106	7.9	258	6.0	546	5.4	18
广西	955	2.1	47	3.5	86	2.0	199	2.0	15
海南	210	0.5	9	0.7	19	0.4	34	0.3	10
重庆	920	2.0	29	2.2	77	1.8	169	1.7	16
四川	1818	4.0	81	6.0	160	3.8	331	3.3	16
贵州	474	1.0	35	2.6	99	2.3	233	2.3	15
云南	776	1.7	47	3.5	99	2.3	213	2.1	15
陕西	1011	2.2	38	2.8	119	2.8	250	2.5	16
甘肃	416	0.9	26	1.9	66	1.5	161	1.6	15
青海	128	0.3	6	0.4	26	0.6	44	0.4	10
宁夏	139	0.3	6	0.5	56	1.3	140	1.4	15
新疆	540	1.2	22	1.7	113	2.6	269	2.7	10
总计	45242	100	1345	100	4268	100	10062	100	—

注：GDP 为 2005 年不变价，节能目标为"十二五"期间的能源强度下降目标。

第四节　结果分析与讨论

一、八大经济区域划分

本章评估了中国 30 个省（自治区、直辖市）的减缓气候变化政策的效果。

根据经济发展水平和地理特征,中国大陆被分为八大经济区(Wang and Wei,2014;李善同和候永志,2003):东北地区、北部沿海地区、东部沿海地区、南部沿海地区、黄河中游地区、长江中游地区、西南地区和西北地区(表5-3)。

表5-3　中国大陆八大经济区域划分

区域	省(自治区、直辖市)
东北地区	辽宁、吉林、黑龙江
北部沿海地区	北京、天津、河北、山东
东部沿海地区	上海、江苏、浙江
南部沿海地区	福建、广东、海南
黄河中游地区	陕西、山西、河南
长江中游地区	湖北、湖南、江西、安徽
西南地区	云南、贵州、四川、重庆、广西
西北地区	甘肃、青海、西藏、宁夏、新疆

东北地区包括辽宁、吉林、黑龙江三省。此地区自然条件和资源禀赋结构相近,目前面临着许多共同问题,如资源枯竭、产业结构有待升级等问题。

北部沿海地区包括北京、天津两直辖市和河北、山东两省。此地区地理位置优越,交通便利,科技教育文化事业发达。

东部沿海地区包括上海、江苏、浙江一直辖市两省。此地区现代化起步早,对外经济联系密切,人力资源丰富,具有明显的发展优势。

南部沿海地区包括福建、广东、海南三省。此地区对外开放程度高,海外社会资源非常丰富。

黄河中游地区包括陕西、山西、河南三省和内蒙古自治区。此地区自然资源尤其是煤炭资源丰富,是中国重要的煤炭生产基地,地处内陆,产业结构调整任务艰巨。

长江中游地区包括湖北、湖南、江西、安徽四省。此地区农业生产条件较好,人口稠密,产业转型压力较大。

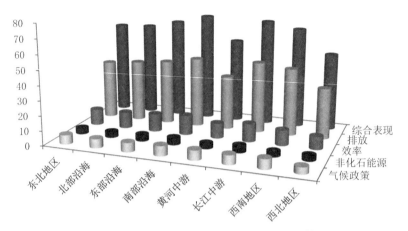

图 5-6　中国八大经济区域的减缓气候变化政策效果

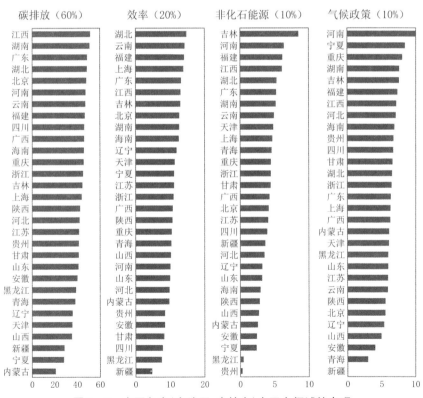

图 5-7　中国各省(自治区、直辖市)在四个领域的表现

碳排放领域表现较好的是长江中游地区。此领域的两个最高分由江西(51.54)和湖南(51.04)获得,这为其较好的综合表现奠定了基础。排放领域表现较差的省份大都分布在黄河中游地区和西北地区。三个省份的得分低于30,分别为新疆(28.61)、宁夏(28.20)和内蒙古(20.79)。图 5 - 8 比较了各省份 2011 年和 2012 年分部门的 CO_2 排放。除北京外,中国各省的排放主要集中在工业部门、发电和热力。这与中国服务业发展不足,工业增加值占 GDP 比重较高有直接关系。中国未来需要升级产业结构,并优化能源结构。

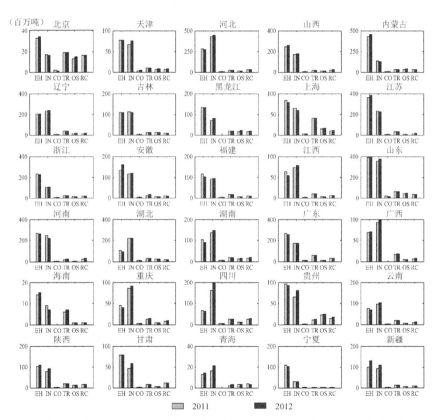

图 5 - 8 中国各省(自治区、直辖市)2011 年和 2012 年分部门的 CO_2 排放
注:EH、IN、CO、TR、OS 和 RC 分别代表发电和供热、工业、建筑业、交通业、服务业(不包括交通)和居民消费。

效率在 CCMI 评估中占 20% 的权重。湖北、云南和福建在此领域排名靠前,而四川、黑龙江和新疆的表现较差。湖北的能源效率和碳效率都取得了显著改善,是其在此领域获得最高分的主要原因。2011—2012 年,湖北的能源碳密度和能源强度分别下降了 6.34% 和 6.73%。相反地,新疆的这两个指标分别上升了 1.44% 和 9.05%。

非化石能源领域的最高分由吉林获得。吉林的非化石能源比例由 2011 年的 1.32% 提升至 2012 年的 2.94%,这使得它在非化石能源比例指标上获得满分。相反地,黑龙江的非化石能源比例从 1.78% 下降至 0.61%,在非化石能源比例指标上获得 0.47。吉林和黑龙江都处于东北地区,自然条件和资源禀赋结构极其相近,也面临着许多共同问题,如资源枯竭、产业结构有待升级等问题,但两者在减缓气候变化方面的表现差距很大。因此,黑龙江可以借鉴吉林的经验,提高非化石能源比例。

在气候政策领域,河南表现最佳。2011—2012 年,河南能源强度下降 18.17%,是中国最大的下降幅度。宁夏在此领域的表现也较好,同一时期能源强度下降 12.12%。作为中国的首都,北京在此领域的表现较差。其能源强度在 2011—2012 年期间下降 3.73%,仅略高于其年均节能目标(3.66%)。

四、经济区域的标杆省份

中国地缘辽阔,区域间的经济发展水平、地理位置、资源禀赋和环境容量具有较大差异,于是很难评估出全国性的标杆省份。而各经济区域内部省份特征相近,因此本书试图为每个经济区域评估标杆省份。

首先,吉林可作为东北地区的标杆省份。辽宁、吉林和黑龙江三省自然条件和资源禀赋结构相近。作为中国老工业基地,它们都面临着资源枯竭、产业结构升级等问题。然而,吉林在 7 个指标上表现比其他两省好(图 5 - 9),尤其是在居民消费 CO_2 排放变化值(指标 8)和非化石能源比例变化值(指标 14)上。吉林在这两个指标上全国表现最好。2011—2012 年,吉林居民消费 CO_2 排放下降 19.49%;相反地,辽宁和黑龙江居民消费 CO_2 排放则分别上涨 15.82% 和

2.86%。吉林非化石能源比例从 2011 年的 1.32% 上涨至 2012 年的 2.94%；相反地，辽宁和黑龙江的非化石能源比例均下降了。因此，东北地区可以借鉴吉林的经验，降低居民消费 CO_2 排放、提升非化石能源比例以减缓气候变化。

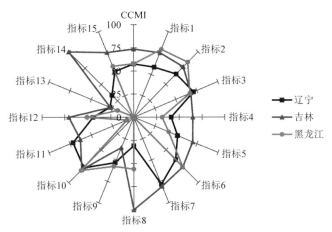

图 5-9　东北地区各省在 15 个指标上的表现

注：指标 1—15 分别代表人均一次能源供应量、人均 CO_2 排放量、发电和供热 CO_2 排放变化值、工业 CO_2 排放变化值、建筑业 CO_2 排放变化值、交通业 CO_2 排放变化值、服务业（不包括交通）CO_2 排放变化值、居民消费 CO_2 排放变化值、能源碳密度、能源强度、能源碳密度变化值、能源强度变化值、非化石能源比例、非化石能源比例变化值、节能目标与真实表现的比较。

其次，河南在黄河中游地区表现最好。如图 5-10 所示，河南有 9 个指标得分在黄河中游地区最高。它在能源强度变化值（指标 12）和节能目标与真实表现的比较（指标 15）上获得满分。2011—2012 年，河南能源强度下降 18.17%，下降幅度居全国最大。另外，河南在非化石能源领域的表现也明显优于其他三省。2012 年，河南非化石能源比例为 5.49%，而其他三省的非化石能源比例均为负值（山西为 -3.66%、内蒙古为 -4.54%、陕西为 -1.93%）。作为中国重要的煤炭生产基地，山西、内蒙古和陕西 2012 年生产焦炭 1.15 亿吨，超过全国总产量的四分之一（国家统计局，2013a）。它们使用煤炭进行发电，并将电力输出给其他省份。因此,黄河中游地区可通过降低能源强度、提高非化石能源比例来减缓气候变化。

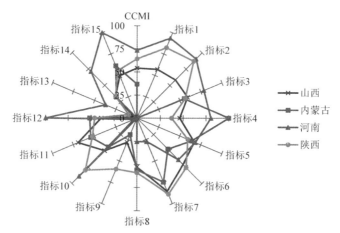

图 5 - 10　黄河中游地区各省(自治区)在 15 个指标上的表现
注:指标 1—15 的名称与图 5 - 9 相同。

再次,西北地区中甘肃表现最佳。图 5 - 11 比较了西北地区各省(自治区)在 15 个指标上的表现。甘肃的人均一次能源供应量和人均 CO_2 排放量分别为2.55 吨标准煤和 6.24 吨。甘肃在这两个指标上的表现优于此地区其他省份。这两个指标在 CCMI 中贡献了 30% 的权重。因此,西北地区可通过降低人均能源供应量和人均 CO_2 排放量以减缓气候变化。

其他五个地区没有选择标杆省份。北部沿海地区和西南地区表现最好的省份很独特,可复制性不强。北部沿海地区最高分由北京获得,它是中国的首都,具备很多优越条件。南部沿海地区表现最好的海南是一个岛屿。其他三个地区内部省份的表现相差不多,无特别突出者。

五、资源禀赋及社会发展水平的影响

资源禀赋及社会发展水平对区域的碳排放有显著影响。它们与减缓气候变化政策效果的关系通过线性回归模型进行评估(表 5 - 4)。

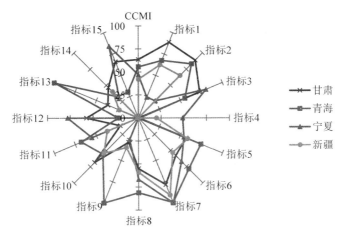

图 5 - 11　西北地区各省(自治区)在 15 个指标上的表现
注：指标 1—15 的名称与图 5 - 9 相同。

表 5 - 4　减缓气候变化政策效果与影响因素的回归结果

	模型 1	模型 2	模型 3
固定项	69.750*** (2.028)	63.971*** (4.236)	61.854*** (8.074)
能源自给率	−0.065*** (0.016)		
人均 GDP		0.014 (0.111)	
城镇化率			0.048 (0.144)
R^2	0.595	0.024	0.062

注：*** $p < 0.001$。

气候变化减缓指数与能源自给率之间存在负向线性关系。也就是说,资源禀赋较好地区的减缓气候变化政策效果倾向于较差(图 5 - 12)。主要有两方面原因：其一,资源禀赋较好的地区更容易依赖化石能源,并发展能源密集型产业。其二,能源自给率较高地区向外地输出了大量电力和热力。例如,内蒙古的能源自给率非常高,2012 年为 286%,而其在气候变化减缓指数中排名最低。内蒙古过度依赖于化石能源,导致其人均一次能源供应量和人均 CO_2 排放量均为中国最高。另外,2012 年内蒙古向其他省份输出电力 1 300 多亿 kW·h。

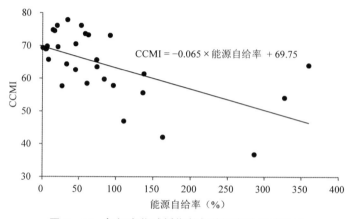

图 5 - 12　气候变化减缓指数与能源自给率的关系

这种现象也存在于国际间减缓气候变化行动中。资源禀赋较好国家的能源价格一般较便宜,它们更倾向于过度依赖化石能源,发展新能源的动力较小。例如,在全球碳排放前 20 的国家中,沙特阿拉伯的能源自给率最高。2011 年,它的能源自给率为 321%,其人均 CO_2 排放是世界平均水平的 3.5 倍(World Bank,2014)。2014 年,"德国观察"协会发布了气候变化表现指数,评估了全球 58 个国家在保护气候方面的表现。报告指出,沙特阿拉伯的表现排最后一名,并且强调"需要付出较大的努力才能改善其表现"(Burck et al.,2014b)。

此外,气候变化减缓指数与社会发展水平没有显著的线性关系。作为社会发展水平的指标,人均 GDP 和城镇化率的回归结果均不显著。例如,江西 2012 年的人均 GDP 为 2.09 万元,在全国排 26 位;然而它在气候变化减缓指数中表现最好。相反地,天津的人均 GDP 全国最高,为 7.73 万元;然而在气候变化减缓指数中仅排 22 位。因此,各个地区虽然处于不同的发展阶段,但是都有能力取得较好的减缓气候变化表现。

在评价区域减缓气候变化政策效果过程中,指标变化值很重要。指标的水平值一般变化较慢,而指标变化值相对更能体现区域气候政策的效果。在CCMI框架中,排放、效率以及非化石能源的变化值都被考虑。这种方式可以促使不同发展水平的地区都能积极减缓气候变化。

第五节　结论及政策启示

本章综合碳排放、效率、非化石能源和气候政策四方面构建了气候变化减缓指数(CCMI),并将其用于评估中国 30 个省份的减缓气候变化政策效果。同时,利用经典回归方法分析了资源禀赋和社会发展水平对中国区域减缓气候变化政策效果的影响。得出以下五个结论:

(1)长江中游地区和南部沿海地区在减缓气候变化方面表现较好。两地区的平均综合得分高于其他地区,且表现最好的五个省份均来自于这两个地区。相反地,西北地区的平均表现较差,在排放、效率和气候政策领域的平均得分均最低。

(2)在排放、效率、非化石能源和气候政策领域表现最好的省份分别为江西、湖北、吉林和河南。

(3)东北地区、黄河中游地区和西北地区可分别选择吉林、河南和甘肃作为标杆省份。首先,作为中国老工业基地,东北三省的自然条件和资源禀赋结构相近,都面临着资源枯竭、产业结构有待升级等问题,但吉林在七个指标上的表现比其他两省好,尤其是在居民消费 CO_2 排放变化值和非化石能源比例变化值方面。吉林在这两个指标上的表现居全国最好。其次,河南有九个指标得分在黄河中游地区最高。它在能源强度变化值和节能目标与真实表现的比较上获得满分。此地区其他三省作为中国重要的煤炭生产基地,过度依赖化石能源和能源密集型产业,并且向其他省份输出大量电力,因而在减缓气候变化方面表现相对较差。最后,甘肃在西北地区中表现最佳。西北地区可通过降低人均能源供应量和人均 CO_2 排放量以减缓气候变化。

(4)气候变化减缓指数与能源自给率之间存在负向线性关系。也就是说,资源禀赋较好地区的减缓气候变化政策效果倾向于较差。主要有两方面原因:其一,资源禀赋较好地区更倾向于过度依赖化石能源,并发展能源密集型产业。其二,能源自给率较高地区使用化石能源进行发电,并向外地输出大量电力。

(5)气候变化减缓指数与社会发展水平没有显著的线性关系。处于不同社会发展阶段的地区都有能力取得较好的减缓气候变化表现。在评价区域减缓气候变化政策效果过程中,指标变化值是很重要的。在 CCMI 框架中,排放、效率以及非化石能源的变化值都被考虑。这种方式可以促使不同发展水平的地区都能积极参与减缓气候变化的行动。

第六节　小结:区域减缓气候变化的表现

本章综合碳排放、效率、非化石能源和气候政策四方面,基于 15 个客观指标构建了气候变化减缓指数(CCMI),用于评估中国 30 个省份的减缓气候变化政策效果。根据经济发展水平和地理特征,中国大陆被分为八大经济区:东北、北部沿海、东部沿海、南部沿海、黄河中游、长江中游、西南和西北。利用经典回归方法分析了资源禀赋和社会发展水平对中国区域减缓气候变化政策效果的影响。从国家和地区两个层面为中国减缓气候变化行动提出了政策建议。

区域减缓气候变化对全国减排目标的实现至关重要。目前的研究还存在一些不足之处,许多工作尚待进一步研究:

首先,一些减缓气候变化方面的重要指标因数据不可获得而没有被考虑。本章只测算了化石燃料燃烧产生的碳排放,而工业生产过程、土地利用变化等因素的碳排放没有被考虑。未来的研究需要继续收集数据,更加全面地评估各地的减缓气候变化政策效果。

　　其次,指标的权重存在较大主观性和争议。指标权重对气候变化减缓指数的影响很大,本章根据相关文献以及中国发展情况确定权重。此指标如果被用于其他国家或地区,需要对指标权重进行合理的调整。未来的研究需要通过阅读文献、咨询专家等途径进一步改善指标权重。

　　最后,本章研究可以从时间和空间两个维度进行拓展。一方面,未来研究可以从时间维度拓展,评估各省份在一段时期内的表现。由于一些长期的气候政策需要几年甚至几十年才能发挥作用,因此时间维度上的拓展可以更全面地反映气候政策效果。另一方面,未来的研究可以从空间角度拓展,构建城市级别的减缓气候变化指数。

第六章 区域产业结构调整的节能减排潜力评估
——基于投入产出模型

第一节 引言

随着世界经济的发展,能源和环境问题日益突出(IPCC,2013;Nanduri and Saavedra-Antolínez,2013;Quadrelli and Peterson,2007)。在过去的几十年中,中国经济取得了举世瞩目的成就。1990—2011 年,中国 GDP 年均增长 10%以上(国家统计局,2012b)。但是,能源短缺和气候变化相关问题严重制约了中国的经济发展。为降低能源消耗以及减缓气候变化,中国政府设定了"十二五"期间能源强度下降 16% 以及碳排放强度下降 17%的目标(国务院办公厅,2011)。

产业结构是决定能源消耗量和 CO_2 排放量的重要因素之一(Adom et al.,2012;Wei et al.,2009)。内山(Uchiyama,2002)对日本的能源需求和供应情况进行了调研,指出日本的能源需求趋于平稳,这主要是因为产业结构从材料和重工业向服务业的转移。张跃军等(Zhang et al.,2014b)指出提高服务业在 GDP 中的占比可有效降低碳排放。在对能源消耗和碳排放的影响因素进行分解时,产业结构往往被视为一个重要的因素(Kim and Worrell,2002;Liaskas et al.,2000)。

事实上,中国的产业结构也需要进行合理调整,以减少能源消耗和碳排放(Jin,2012;Zhao and Niu,2013)。与第三产业高度发展的发达国家相比,中国经济更加依赖于高能源强度和高碳强度的第二产业。2010 年,中国第三产业增加值占国内生产总值的 43.19%,远低于大部分发达国家(图 6-1)。廖华等

（Liao et al.，2007）将中国的能源强度变化分解为结构效应和效率效应。
1997—2002年期间，中国的能源强度下降主要是由于效率的提高，而结构效应
的影响很小。因此，产业结构调整在中国具有很大的节能潜力。

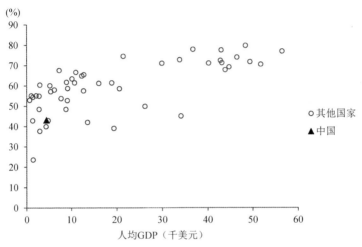

图6-1 世界GDP前50国家2010年的第三产业比重
数据来源：World Bank（2014）。

产业结构调整是为了实现一个或几个目标，调整不同产业比重的最优化问
题。过去几十年，最优化方法被用于产业结构相关研究（曾嵘等，2000；魏一鸣
等，2002）。比斯多夫和洛朗（Bisdorff and Laurent，1995）使用约束逻辑规划方
法解决工业生产规划的决策问题。该模型可以用于解决混合线性多准则选择
问题以及线性整数多准则布局问题。魏一鸣等（Wei et al.，2004）建立了非线
性目标规划模型，通过产业结构调整实现人口、资源、环境和经济的协调发展。
周等（Zhou et al.，2012）建立了非精确模糊多目标规划模型，用于解决不确定
条件下的产业结构优化问题，该模型被应用于山东省南四湖流域的产业结构优
化实例中。

本章基于投入产出模型建立最优化模型，以北京市为例评估产业结构对节
能减排的潜在影响，探索产业结构优化的方向，并对比了不同决策目标对社会

经济系统的影响。

第二节　模型方法

一、研究框架

本章基于 2010 年北京市投入产出表，使用最优化模型对北京市 2020 年产业结构进行优化。以 2010 年的初始产业结构作为基准情景。通过比较优化后的产业结构和初始的产业结构，来评估产业结构调整对节能减排的潜在影响。图 6-2 为本章的研究框架。

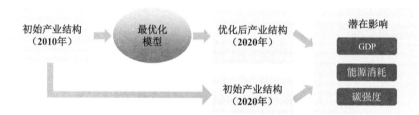

图 6-2　产业结构调整的节能减排潜力研究框架

二、目标函数

目标函数在最优化模型中至关重要。产业结构规划需要考虑多重目标，包括经济目标、能源目标和碳排放目标。本模型以 GDP 最大化作为经济目标，以能源强度（单位 GDP 能源消耗）最小化和能源消耗量最小化作为能源目标，以碳强度（单位 GDP 碳排放）最小化和碳排放量最小化作为碳排放目标。

目标 1：GDP 最大化

$$\text{Max } G = \sum_{i=1}^{n} v_i \tag{6-1}$$

目标 2：能源强度最小化

$$\text{Min } E/G \tag{6-2}$$

目标 3：能源消耗量最小化

$$\text{Min } E = \sum_{i=1}^{n} b_i v_i \qquad (6-3)$$

目标 4：碳强度最小化

$$\text{Min } C/G \qquad (6-4)$$

目标 5：碳排放量最小化

$$\text{Min } C = \sum_{i=1}^{n} d_i v_i \qquad (6-5)$$

其中，G 是目标年份的 GDP；v_i 是目标年份部门 i 的增加值；n 是部门数；E 是目标年份的能源消耗量；b_i 是部门 i 的能源强度（单位增加值能源消耗）；C 是目标年份的 CO_2 排放量；d_i 是部门 i 的碳强度（单位增加值 CO_2 排放量）。

三、约束条件

投入产出模型是华西里·列昂惕夫在 20 世纪 30 年代末开发的分析方法。投入产出模型的主要目的是建立投入产出表以及线性等式系统。投入产出表展示了经济部门之间的货币或实物转移，以及它们的相互依赖关系。行描述了某一部门的产出在经济系统中的分布，列描述了各部门对某一部门的投入（Miller and Blair，2009）。基本线性等式是：

$$(I-A)X = Y \qquad (6-6)$$

$$(I-A_c)X = V \qquad (6-7)$$

其中（假设经济系统中有 n 个部门），X 是目标年份总产出向量，其元素 x_j 是部门 j 的产出；Y 是目标年份最终需求向量（最终需求包括消费、资本形成和净出口）；V 是目标年份增加值向量；I 是 $n \times n$ 维单位矩阵；A 是 $n \times n$ 维度直接需求矩阵，其元素 a_{ij} 是每单位部门 j 产出对部门 i 的需求；a_{ij} 定义式如下：

$$a_{ij} = \frac{x_{ij}}{x_j} \quad (i, j = 1, 2, \ldots, n) \qquad (6-8)$$

其中,y_i、r_i、f_i 和 h_i 分别是目标年份部门 i 的最终需求、消费、资本形成和净出口。

对所有部门,假设消费、资本形成和净出口的比例固定。

$$r_i/y_i = r_{0i}/y_{0i} \quad (i = 1, 2, \ldots, n) \tag{6-23}$$

$$f_i/y_i = f_{0i}/y_{0i} \quad (i = 1, 2, \ldots, n) \tag{6-24}$$

$$h_i/y_i = h_{0i}/y_{0i} \quad (i = 1, 2, \ldots, n) \tag{6-25}$$

其中,y_{0i}、r_{0i}、f_{0i}、和 h_{0i} 是基础年份部门 i 的最终需求、消费、资本形成和净出口。

为满足居民和政府消费需求,调整后的产业结构应该提供基本消费。因此,对消费率的上下限进行了约束,并且约束目标年份部门 i 消费不低于基础年份部门 i 消费的 δ_i 倍。

$$\sum_{i=1}^{n} r_i \Big/ G \geqslant \gamma_1 \tag{6-26}$$

$$\sum_{i=1}^{n} r_i \Big/ G \leqslant \gamma_2 \tag{6-27}$$

$$r_i/r_{0i} \geqslant \delta_i \quad (i = 1, 2, \ldots, n) \tag{6-28}$$

其中 γ_1、γ_2、和 δ_i 是外生参数。

经济系统中,总产出和增加值都应该是非负的。

$$X \geqslant 0 \tag{6-29}$$

$$V \geqslant 0 \tag{6-30}$$

第三节 数据来源

北京是中国的政治和文化中心。在过去的几十年里,北京市产业结构发生了巨大变化。1978年,北京市非常依赖于第二产业,比重为71.1%。到2011年,北京市第三产业的比重达到76.1%,远大于第二产业比重(23.1%)(Yu et al.,2015)。

近些年,北京经济快速发展。2000—2011年GDP年均增长率为16.04%。同一时期,能源消耗年均增长4.88%。2011年,北京的能源消耗量为6995万吨标准煤。为降低能源消耗以及减缓气候变化,北京计划在"十二五"期间能源强度下降17%(国务院办公厅,2011)。

本案例使用北京市2010年的数据,对2020年产业结构的节能减排潜力进行评估。投入产出表来自于《北京市投入产出表2010》(北京市统计局,2011a),其他数据来自于《北京市统计年鉴2011》(北京市统计局,2011b)。北京市经济系统分为42个部门,其名称及代码见表6-1。

表6-1 北京市部门名称及代码

代码	部门名称	代码	部门名称
R01	农林牧渔业	R22	废品废料
R02	煤炭开采和洗选业	R23	电力、热力的生产和供应业
R03	石油和天然气开采业	R24	燃气生产和供应业
R04	金属矿采选业	R25	水的生产和供应业
R05	非金属矿及其他矿采选业	R26	建筑业
R06	食品制造及烟草加工业	R27	交通运输及仓储业
R07	纺织业	R28	邮政业
R08	纺织服装鞋帽皮革羽绒及其制品业	R29	信息传输、计算机服务和软件业
R09	木材加工及家具制造业	R30	批发和零售业
R10	造纸印刷及文教体育用品制造业	R31	住宿和餐饮业
R11	石油加工、炼焦及核燃料加工业	R32	金融业
R12	化学工业	R33	房地产业
R13	非金属矿物制品业	R34	租赁和商务服务业
R14	金属冶炼及压延加工业	R35	研究与试验发展业
R15	金属制品业	R36	综合技术服务业

续表

代码	部门名称	代码	部门名称
R16	通用、专用设备制造业	R37	水利、环境和公共设施管理业
R17	交通运输设备制造业	R38	居民服务及其他服务业
R18	电气机械及器材制造业	R39	教育
R19	通信设备、计算机及其他电子设备制造业	R40	卫生、社会保障和社会福利业
R20	仪器仪表及文化办公用机械制造业	R41	文化、体育和娱乐业
R21	工艺品及其他制造业	R42	公共管理和社会组织

在设定外生参数时,本章参考了政府规划,包括《"十二五"节能减排综合性工作方案》(国务院办公厅,2011)、《北京市国民经济和社会发展第十二个五年规划纲要》(北京市发展和改革委员会,2011)。表 6-2 展示了模型中外生参数的取值。

表 6-2 外生参数的取值及解释

参数	参数含义	设定	设定理由
λ	GDP 年均增长率的下限	0.07	2011—2015 年,GDP 年均增长率高于 8%(政府规划);2016—2020 年,GDP 年均增长率高于 6%(增长率降低)。
μ_1	能源消耗量年均增长率的上限	0.03	能源消耗量年均增长率低于 3%(2006—2010 年,年均增长 3.8%)。
μ_2	能源强度下降目标	0.29	2011—2015 年,能源强度下降 17%(政府规划);2006—2020 年,能源强度下降 15%(政府规划)。
φ_1	CO_2 排放量年均增长率的上限	0.025	根据 μ_1 设定。
φ_2	碳强度下降目标	0.35	根据 μ_2 设定。
η	就业机会年均增长率的下限	0.06	就业机会的年均增长率不低于 6%(2001—2010 年,北京市就业机会的年均增长率为 5.7%)。

参数	参数含义	设定	设定理由
α_i	部门 i 增加值占 GDP 比重的调整下限	-0.5	2001—2010 年,绝大多数部门比重的变化率高于-50%。
β_i	部门 i 增加值占 GDP 比重的调整上限	1.5	2001—2010 年,绝大多数部门比重的变化率低于150%。
γ_1	消费率的下限	0.6	2011 年,消费率为 83.4%;2015 年,消费率高于60%。
γ_2	消费率的上限	0.85	同上。
δ_i	部门 i 目标年份消费和基础年份消费比值的下限	1	对所有部门,2020 年的消费高于 2010 年消费。

第四节　结果分析与讨论

基于最优化模型以及外生参数,本案例得到 2020 年北京市在不同约束目标下的产业结构。为了比较调整后的产业结构和初始产业结构,以北京市 2010 年的产业结构作为基准情景。

一、产业结构调整的节能减排潜力

通过合理的产业结构调整,北京市的能源强度和碳强度都大幅降低。由图 6-3 可见,产业结构调整后(目标 1—5)的能源强度和碳强度均比初始状况低。在目标 1 下,北京市 GDP 从 2010 年的 1.41 万亿增长到 2020 年的 3.13 万亿,年均增长 8.29%。能源消耗量和 CO_2 排放量分别为 0.77 亿吨标准煤和 1.13 亿吨。但是,如果产业结构不发生变化,北京市将会消耗 1.27 亿吨标准煤能源并排放 2.09 亿吨 CO_2,以达到相同的 GDP 水平(图 6-4)。因此,产业结构调整可以节约能源 39.42%(0.5 亿吨标准煤),并减少 CO_2 排放 46.06%(0.96 亿吨)。

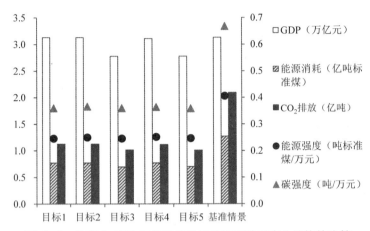

图 6-3 北京市 2020 年初始产业结构和调整后产业结构的比较

注：GDP、能源消耗和 CO_2 排放使用左纵坐标轴；能源强度和碳强度使用右纵坐标轴；目标 1、2、3、4、5 分别是 GDP 最大化、能源强度最小化、能源消耗量最小化、碳强度最小化、碳排放量最小化。

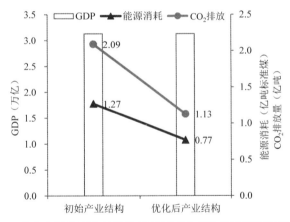

图 6-4 北京市初始产业结构和优化后产业结构的能源消耗和碳排放

二、产业结构调整的策略

图 6-5 展示了北京市各部门的增加值、能源强度和碳强度。由图可见，所有部门的增加值都增加了，而且低能源强度和低碳强度的产业发展较快。R32

(金融业)发展最快,其增加值年均增长 18.69%。2020 年,R32 的增加值为 1.03 万亿,占北京市 GDP 的 33.01%。事实上,R32 的能源强度(0.023 吨标准煤/万元)和碳强度(0.007 吨/万元)是所有部门中最低的。此外,R29(信息传输、计算机服务和软件业)和 R20(仪器仪表及文化办公用机械制造业)也发展较快,年均增长率分别为 16.23% 和 15.39%。与低强度产业不同,高能源强度和高碳强度的产业发展较慢。R22(废品废料)的年均增长率仅为 1.04%,是发展最慢的部门。这是因为 R22 的能源强度(1.97 吨标准煤/万元)和碳强度(2.05 吨/万元)都非常高。此外,R07(纺织业)也发展较慢。

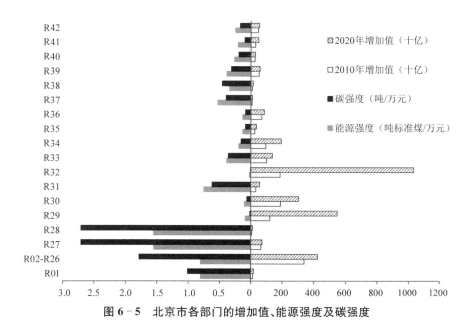

图 6-5 北京市各部门的增加值、能源强度及碳强度

北京市第三产业比重上升,而第二产业比重下降。第三产业比重从 2010 年的 75.11% 增长到 2020 年的 85.90%(图 6-6)。相应的,第二产业比重从 24.01% 下降到 13.53%。这一变化有利于节能减排,因为第二产业的能源强度和碳强度均高于第三产业。

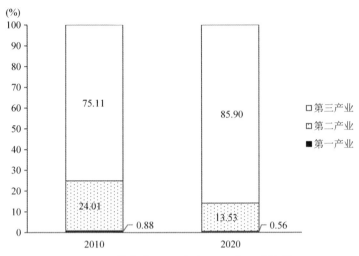

图 6-6　北京市 2010 年和 2020 年三产比重

三、能源强度下降和经济增长

目标 1(GDP 最大化)和目标 2(能源强度最小化)的结果相同(图 6-3),表明当 GDP 达到最大时,能源强度达到最小。一方面,通过合理的产业结构调整,能源强度可以在不影响经济增长的前提下降低。另一方面,适度较高的经济增速有利于能源强度的下降。2010—2020 年,当 GDP 年均增长为 7% 时,能源强度下降 37.87%(目标 5);当 GDP 年均增长 8.22% 时,能源强度下降 39.10%(目标 4);当 GDP 年均增长 8.29% 时,能源强度下降 39.35%(目标 1)。

四、总量目标和强度目标的比较

为了节约能源和减少温室气体排放,不同国家都制定了相应的节能减排目标。这些目标可以分为两类:总量目标和强度目标。其中,总量目标是指对能源消耗总量或 CO_2 排放总量进行控制,强度目标是指对能源强度或碳强度进行控制。例如,中国能源"十二五"规划提出,2015 年能源消费总量控制在 40 亿吨标准煤,用电量控制在 6.15 万亿千瓦时,这是总量目标;而"十二五"规划中能源强度下降 16% 及碳排放强度下降 17% 的目标是强度目标。本模型中,目标 3

（能源消耗量最小化）和目标 5（CO_2 排放量最小化）是总量目标，而目标 2（能源强度最小化）和目标 4（碳强度最小化）是强度目标。

总量目标比强度目标的节能减排效果更明显。首先，能源消耗总量在强度目标（目标 2）下增长 34.29%，而在总量目标（目标 3）下仅增长 21.38%。其次，CO_2 排放总量在强度目标（目标 4）下增长 18.58%，而在总量目标（目标 5）下仅增长 7.30%。

但是，总量目标对经济增长的副作用更大。2020 年，北京市 GDP 在总量目标（目标 3 和 5）下为 2.78 万亿，而在强度目标（目标 2 和 4）下分别为 3.13 和 3.11 万亿。

第五节　结论及政策启示

本章基于投入产出方法建立一个最优化模型，来评估产业结构调整对能源消耗和 CO_2 排放的潜在影响。此模型被应用于北京市产业结构调整的案例研究。根据上面的分析讨论，可以得出以下几个结论：

（1）产业结构调整的节能减排潜力巨大。在 GDP 最大化的目标下，北京市 2010—2020 年的 GDP 年均增长为 8.29%。此时，产业结构调整具有节约能源 39%、减少 CO_2 排放 46% 的潜力。因此，通过产业结构调整，能源强度和碳强度都大幅下降。

（2）提高低能源强度和低碳强度产业的比重是节能减排的有效途径。从节能减排的角度出发，北京可致力于发展一些低能源强度和低碳强度产业，包括 R32（金融业）、R29（信息传输、计算机服务和软件业）和 R20（仪器仪表及文化办公用机械制造业）。同时，一些高能源强度和高碳强度行业的发展应该受到控制，包括 R22（废品废料）和 R07（纺织业）。

（3）通过合理的产业结构调整，能源强度可以在不影响经济增长的前提下降低。另外，适度较高的经济增速有利于能源强度的下降。2010—2020 年，当 GDP 年均增长为 7% 时，能源强度下降 37.87%（目标 5）；当 GDP 年均增长

8.22%时,能源强度下降 39.10%(目标 4);当 GDP 年均增长 8.29%时,能源强度下降 39.35%(目标 1)。

(4)与强度目标相比,总量目标的节能减排效果更明显,但是对经济增长的负面影响也更大。因此,总量目标与强度目标之间需要合理的平衡。

第六节　小结:产业结构调整的作用

本章基于投入产出模型建立最优化模型,以北京为例评估产业结构对节能减排的潜在影响,探索产业结构优化的方向,即如何通过产业结构调整实现节能减排目标。对比了 GDP 最大化、能源强度最小化、能源消耗量最小化、碳强度最小化以及碳排放量最小化五种决策目标对社会经济系统的影响。

节能减排是中国面临的长期而艰巨的挑战,产业结构调整也是一项复杂而困难的任务。目前的研究还存在一些不足之处,许多工作尚待进一步研究:

首先,本章基于投入产出表建立的最优化模型需要进一步改进。一方面,作为一个静态模型,它只考虑了基准年和目标年之间的情况。未来模型需要将其动态化,不仅要评估目标年的节能减排潜力,而且还要了解社会经济系统随时间的变化趋势。另一方面,外生参数需要进一步评估。IMEC 模型包含很多外生参数,对模型结果有较大影响。需要通过参考政府规划和相关文献,以及咨询专家等途径进一步评估参数,使模型更准确地反映社会实际情况。

其次,本章仅评估了北京市产业结构调整的节能减排潜力,并没有分析对其他地区的影响。无论是产业结构调整还是节能减排,都要在区域间的合作下才能达到更好的效果。未来研究需要拓展区域,从国家产业布局角度分析产业结构调整对各地区节能减排的潜在影响,以及如何通过区域间合作实现双赢。

此外,本章分析了产业结构调整的节能减排潜力。其他很多因素也对能源消费和碳排放有影响,包括经济增长、能源结构、消费结构、投资结构以及技术进步等。未来研究可以评估其他因素的节能减排潜力,以及不同因素的综合效应。

第七章 研究结论与展望

第一节 主要研究结论

气候变化综合评估模型将经济系统和气候系统整合在一个框架里，已成为气候政策研究的主流工具，在气候政策制定中发挥了非常重要的作用。气候变化研究学者大都直接或间接地使用了此类模型。作为世界上最大的碳排放国和能源消费国，中国积极采取行动减缓与适应气候变化，为全球应对气候变化做出了巨大贡献。然而，中国在气候变化的社会经济影响研究方面相对薄弱，气候变化建模的学术前沿主要被西方国家所占据。中国亟需从本国国情出发建立气候变化综合评估模型，为中国应对气候变化提供理论和数据支撑，提高在气候变化领域的话语权。

本书面向国家应对气候变化重大战略需求和气候政策建模研究国际前沿，对气候变化综合评估建模方法及其应用进行研究。采用运筹学、计量经济学、博弈论、投入产出分析、多准则决策以及文献计量等理论与方法，分别从全球、国家以及地区三个层面建立气候变化综合评估模型，模拟经济、能源、环境以及气候变化之间的复杂关系，完成了以下四方面工作：

（1）将碳配额交易机制引入 RICE 模型，在同一平台下比较了支付能力、平等主义、祖父原则及历史责任四种气候政策公平性原则对社会经济系统的影响。结果显示，全球合作能有效促进减缓气候变化进程。全球 2000—2100 年累积 CO_2 排放在非合作博弈情景下是合作情景下的 2.29 倍。从全球角度看，祖父原则造成的损失最小，但发展中国家的利益受到较大损失。对中国而言，优先选择的公平性原则依次为支付能力、历史责任、平等主义以及祖父原则。中国的"历史责任"和"人均"优势随着碳排放的快速增长正在逐渐减弱。

（2）基于投入产出表建立了评估经济、能源与气候变化的动态优化模型——IMEC模型。在社会福利最大化的目标下，综合经济增速、产业结构、能源结构及能源效率等方面，探索了中国的低碳发展路径。中国要实现2030年碳排放峰值目标，GDP年均增速到"十五五"可能低于5%，2030年后低于4.5%。在保证GDP合理增速的前提下，中国碳排放最早2026年达到峰值。和碳排放2030年达峰相比，提前达峰可减少1.2%～5.4%的CO_2排放。

（3）综合碳排放、效率、非化石能源和气候政策四方面，基于15个客观指标构建了气候变化减缓指数（CCMI），评价和解读了中国省级的减缓气候变化政策效果。长江中游地区和南部沿海地区在减缓气候变化方面表现较好，而西北地区的平均表现较差。气候变化减缓指数与能源自给率之间存在负向线性关系，因此资源禀赋在减缓气候变化策略中应该得到重视。此外，气候变化减缓指数与社会发展水平没有显著的线性关系，说明处于不同社会发展阶段的地区都有能力取得较好的表现。

（4）基于投入产出模型建立最优化模型，以北京市为例评估了产业结构对节能减排的潜在影响，并对比了GDP最大化、能源强度最小化、能源消费量最小化、碳强度最小化以及碳排放量最小化五种决策目标对社会经济系统的影响。结果表明，产业结构调整具有较大的节能减排潜力。2010—2020年，产业结构调整具有节约能源39%、减少CO_2排放46%的潜力。通过合理的产业结构调整，能源强度可以在不影响经济增长的前提下降低。此外，与强度目标相比，总量目标的节能减排效果更明显，但是对经济增长的负面影响也更大。因此，总量目标与强度目标之间需要合理的平衡。

第二节　主要创新点

应对气候变化是世界各国共同面对的挑战，也是学术界的热点问题。研究气候变化综合评估模型不仅有重要的理论意义，也有较高的应用价值。对于世界第一大碳排放源的中国而言，现实意义更加突出。本书主要创新点可概括如下：

（1）综合最优化和博弈论方法，将碳配额交易机制引入 RICE 模型，提高了温室气体配额分配的有效性。在同一平台下比较了不同气候政策公平性原则对社会经济系统的影响，得出了对中国最有利的分配机制。

（2）基于投入产出表建立了评估经济、能源与气候变化的动态优化模型——IMEC 模型，在社会福利最大化的目标下，综合经济增速、产业结构、能源结构及能源效率等方面，探索了中国的低碳发展路径。为中国实现 2030 年碳排放达到峰值目标提供了最优排放路径，并且估算了碳排放提前达峰的社会成本。

（3）综合碳排放、效率、非化石能源和气候政策四方面，基于 15 个客观指标构建了气候变化减缓指数（CCMI）。评价和解读了中国省级的减缓气候变化政策效果，从国家和地方两个层面为减缓气候变化行动提出了政策建议。

（4）基于投入产出模型建立最优化模型，以北京为例评估了产业结构对节能减排的潜在影响，并对比了 GDP 最大化、能源强度最小化、能源消费量最小化、碳强度最小化以及碳排放量最小化五种决策目标对社会经济系统的影响。

第三节　研究局限与未来展望

虽然本书在气候变化综合评估模型及其应用方面做了一些研究，取得一定成果，但仍然存在局限性，在未来的研究中应当进一步完善和扩展。归纳起来，有待进一步开展的工作包括：

（1）方法需要进一步完善。建立气候变化综合评估模型是本书的核心工作，作者致力于建立一个"自顶向下"和"自底向上"相结合、全球-国家-地区三个层面相关联的集成模型，为中国应对气候变化提供理论和数据支撑。未来工作需要探索如何集成三个层次的模型，使它们成为一体。此外，模型的细节以及外生参数设置也需要进一步探讨。

（2）数据需要进一步更新。限于数据的可获得性以及作者所掌握的知识范围，本书采用的部分数据较陈旧或不完整，有待进一步更新。未来研究需要收集更多的数据，获取新的数据源，以更加全面准确地模拟社会经济系统。

（3）应用需要进一步拓展。基于综合评估模型，本书对国际气候政策公平性、中国碳排放峰值、中国区域减缓气候变化政策效果以及产业结构调整的节能减排潜力等问题进行了分析。未来研究需要进一步拓展模型的应用，解决更广泛的应对气候变化问题，为中国提供新的政策建议。

期望本书研究工作能对相关研究有所帮助。限于作者的知识修养和学术水平，本书中难免存在缺陷和不足，甚至是错误，恳请读者批评指正！

附录

附录一　代表性气候变化综合评估模型介绍

模型	全名	作者	机构	模型类型
DICE	Dynamic Integrated Model of Climate and the Economy	William D. Nordhaus	耶鲁大学	最优化模型
RICE	Regional Integrated Model of Climate and the Economy	William D. Nordhaus，Zili Yang	耶鲁大学	最优化模型
FUND	The Climate Framework for Uncertainty，Negotiation and Distribution	Richard S. J. Tol	阿姆斯特丹自由大学	最优化模型
MERGE	Model for Evaluating Regional and Global Effects of GHG Reduction Policies	Alan Manne，Robert Mendelsohn，Richard Richels	斯坦福大学	最优化模型
CETA	Carbon Emissions Trajectory Assessment	Stephen C. Peck，Thomas J. Teiberg	美国电力研究所	最优化模型
GTAP-E	Energy-environmental Version of the GTAP Model	Jean-Marc Burniaux，Truong P. Truong	普渡大学	可计算一般均衡模型
CEEPA	China Energy and Environmental Policy Analysis	Qiao-Mei Liang，Yi-Ming Wei	北京理工大学能源与环境政策研究中心	可计算一般均衡模型

143

续表

模型	全名	作者	机构	模型类型
PAGE	Policy Analysis of the Greenhouse Effect	Chris Hope，John Anderson，Paul Wenman	剑桥大学	模拟模型
ICAM - 1	Integrated Climate Assessment Model，Version 1	Hadi Dowlatabadi，M. Granger Morgan	卡耐基梅隆大学	模拟模型
IMAGE	Integrated Model for the Assessment of the Greenhouse Effect	Jan Rotmans	荷兰国家公共卫生和环境保护研究所	模拟模型

附录二　本书中 RICE 模型的主要参数

经济参数

δ	1.5%	纯时间偏好率（每年）
γ	0.3	资本的产出弹性
δ_K	10%	资本存量折旧率（每年）
$a_{1,1}$	0.01102	美国的关联方程（损失方程）系数
$a_{2,1}$	1.5	
$b_{1,1}$	0.07	
$b_{2,1}$	2.887	
$a_{1,2}$	0.01174	日本的关联方程（损失方程）系数
$a_{2,2}$	1.5	
$b_{1,2}$	0.05	
$b_{2,2}$	2.887	
$a_{1,3}$	0.01174	欧盟的关联方程（损失方程）系数
$a_{2,3}$	1.5	
$b_{1,3}$	0.05	
$b_{2,3}$	2.887	
$a_{1,4}$	0.01523	中国的关联方程（损失方程）系数
$a_{2,4}$	1.5	
$b_{1,4}$	0.15	
$b_{2,4}$	2.887	
$a_{1,5}$	0.00857	苏联的关联方程（损失方程）系数
$a_{2,5}$	1.5	
$b_{1,5}$	0.15	
$b_{2,5}$	2.887	
$a_{1,6}$	0.02093	世界其他的关联方程（损失方程）系数
$a_{2,6}$	1.5	
$b_{1,6}$	0.10	
$b_{2,6}$	2.887	

气候参数

β_{11}	81.2899%	大气层到大气层的碳循环转移系数（每年）
β_{13}	15.95%	海洋上层到大气层的碳循环转移系数（每年）
β_{22}	99.8048%	海洋深层到海洋深层的碳循环转移系数（每年）

β_{23}	6.7916%	海洋上层到海洋深层的碳循环转移系数（每年）
β_{31}	18.7102%	大气层到海洋上层的碳循环转移系数（每年）
β_{32}	0.1952%	海洋深层到海洋上层的碳循环转移系数（每年）
β_{33}	77.2584%	海洋上层到海洋上层的碳循环转移系数（每年）
τ_1	0.1075	大气温度的速度调整系数
τ_3	0.44	大气层到海洋深层的热损失系数
τ_4	0.01	海洋深层的热增量系数
s	2.9078	气候敏感度（大气 CO_2 浓度翻倍时的温度变化）
η	4.1	CO_2 浓度翻倍时的辐射强迫
λ	$1.41(=\eta/s)$	CO_2 浓度翻倍时的辐射强迫与温度变化的比率

附录三 本书中 RICE 模型的碳循环模块

$$\dot{M}(t) = \beta_{11}M(t) + \beta_{13}M_U(t) + \sum_{i=1}^{m} E_i(t) \qquad (C-1)$$

$$\dot{M}_L(t) = \beta_{22}M_L(t) + \beta_{23}M_U(t) \qquad (C-2)$$

$$\dot{M}_U(t) = \beta_{31}M(t) + \beta_{32}M_L(t) + \beta_{33}M_U(t) \qquad (C-3)$$

$$\dot{T}_1(t) = \tau_1 \big[F(t) - \lambda T_1(t) - \tau_3(T_1(t) - T_2(t)) \big] \qquad (C-4)$$

$$\dot{T}_2(t) = \tau_4(T_1(t) - T_2(t)) \qquad (C-5)$$

$$F(t) = \eta \frac{Log(M(t)/M(0))}{Log(2)} + O(t) \qquad (C-6)$$

其中，

$M(t)$：温室气体浓度（大气层）；

$M_L(t)$：温室气体浓度（海洋深层）；

$M_U(t)$：温室气体浓度（海洋上层）；

$T_1(t)$：大气温度；

$T_2(t)$：海洋深层温度；

$F(t)$：辐射强迫；

外生参数见附录二。

参考文献

［1］北京市发展和改革委员会.北京市国民经济和社会发展第十二个五年规划纲要［EB/OL］.（2011－08－08）［2015－02－01］.http：//www.bjpc.gov.cn/fzgh_1/guihua/12_5/sewghgy/.

［2］北京市统计局.北京市投入产出表2010［M］.北京：中国统计出版社,2011a.

［3］北京市统计局.北京统计年鉴2011［M］.北京：中国统计出版社,2011b.

［4］曾嵘,魏一鸣,范英,等.人口、资源、环境与经济协调发展系统分析［J］.系统工程理论与实践,2000,12：1－6.

［5］陈文颖,高鹏飞,何建坤.用MARKAL－MACRO模型研究碳减排对中国能源系统的影响［J］.清华大学学报：自然科学版,2004,44(3)：342－346.

［6］戴彦德,朱跃中,白泉.中国2050年低碳发展之路——能源需求暨碳排放情景分析［J］.经济研究参考,2010,(26)：2－22.

［7］丁仲礼,段晓男,葛全胜,等.2050年大气CO_2浓度控制：各国排放权计算［J］.中国科学(D辑：地球科学),2009,39(8)：1009－1027.

［8］杜强,陈乔,陆宁.基于改进IPAT模型的中国未来碳排放预测［J］.环境科学学报,2012,(9)：2294－2302.

［9］傅京燕,余丹.气候政策的经济环境效应及其缓解措施的研究综述——兼谈对我国的启示［J］.产经评论,2012,3：125－134.

［10］国家发展和改革委员会.中国应对气候变化的政策与行动2014年度报告［EB/OL］.（2014－11－26）［2014－12－01］.http：//www.ndrc.gov.cn/gzdt/201411/t20141126_649615.html.

［11］ 国家统计局.中国能源统计年鉴 2012［M］.北京：中国统计出版社,2012a.

［12］ 国家统计局.中国统计年鉴 2011［M］.北京：中国统计出版社,2012b.

［13］ 国家统计局.中国能源统计年鉴 2013［M］.北京：中国统计出版社,2013a.

［14］ 国家统计局.中国统计年鉴 2013［M］.北京：中国统计出版社,2013b.

［15］ 国家统计局.国家数据［DB/OL］.［2015 - 04 - 30］.http：//data. stats. gov.cn/.

［16］ 国家统计局.中华人民共和国 2014 年国民经济和社会发展统计公报［EB/OL］.(2015 - 02 - 26)［2015 - 03 - 01］.http：//www. stats. gov. cn/tjsj/zxfb/201502/t20150226_685799. html.

［17］ 国务院办公厅.国务院关于印发"十二五"节能减排综合性工作方案的通知［EB/OL］.(2011 - 09 - 07)［2014 - 09 - 01］.http：//www. gov. cn/zwgk/2011-09/07/content_1941731. htm.

［18］ 国务院办公厅.国务院关于印发能源发展"十二五"规划的通知［EB/OL］.(2013 - 01 - 23)［2015 - 03 - 01］.http：//www. gov. cn/zwgk/2013-01/23/content_2318554. htm.

［19］ 国务院办公厅.能源发展战略行动计划(2014—2020 年)［EB/OL］.(2014 - 11 - 09)［2015 - 04 - 30］.http：//www. gov. cn/zhengce/content/2014-11/19/content_9222. htm.

［20］ 何建坤.CO_2 排放峰值分析：中国的减排目标与对策［J］.中国人口·资源与环境,2013,23(12)：1 - 9.

［21］ 华贲.低碳发展时代的世界与中国能源格局［J］.中外能源,2010,15(2)：1 - 9.

［22］ 李国志,李宗植.二氧化碳排放与经济增长关系的 EKC 检验——对我国东、中、西部地区的一项比较［J］.产经评论,2011,(6)：139 - 151.

［23］李惠民,齐晔.中国 2050 年碳排放情景比较［J］.气候变化研究进展,2011,7(4)：271-280.

［24］李善同,候永志.重划大陆社会经济区域［J］.政策瞭望,2003,(7)：25.

［25］林伯强,蒋竺均.中国二氧化碳的环境库兹涅茨曲线预测及影响因素分析［J］.管理世界,2009,(4)：27-36.

［26］刘昌义.气候变化经济学中贴现率问题的最新研究进展［J］.经济学动态,2012,(3)：123-129.

［27］吕铁,周叔莲.中国的产业结构升级与经济增长方式转变［J］.管理世界,1999,(1)：113-125.

［28］米志付,梁晓捷,王科.气候政策选择的七种评价准则［J］.北京理工大学学报：社会科学版,2014,16(1)：1-6.

［29］潘家华."地球工程"作为减缓气候变化手段的几个关键问题［J］.中国人口·资源与环境,2012,22：22-26.

［30］潘家华,王汉青,梁本凡.中国城市智慧低碳发展报告［M］.北京：中国社会科学出版社,2013.

［31］齐晔.气候承诺会制约中国经济增长吗?［N］.中国经济时报,2014-12-03(A9).

［32］渠慎宁,郭朝先.基于 STIRPAT 模型的中国碳排放峰值预测研究［J］.中国人口·资源与环境,2010,(12)：10-15.

［33］森田恒幸,胡秀莲,姜克隽.气候变化综合评价的进展［J］.中国能源,1997,(12)：9-14.

［34］王灿,陈吉宁,邹骥.气候政策研究中的数学模型评述［J］.上海环境科学,2002,(7)：435-439.

［35］王灿,陈吉宁,邹骥.可计算一般均衡模型理论及其在气候变化研究中的应用［J］.上海环境科学,2003,(3)：206-212.

［36］魏一鸣,曾嵘,范英,等.北京市人口、资源、环境与经济协调发展的多目标

规划模型[J].系统工程理论与实践,2002,2：74－83.

[37] 魏一鸣,范英,韩智勇,等.中国能源报告(2006)：战略与政策研究[M].北京：科学出版社,2006.

[38] 魏一鸣,廖华,王科,等.中国能源报告(2014)：能源贫困研究[M].北京：科学出版社,2014a.

[39] 魏一鸣,刘兰翠,范英,等.中国能源报告(2008)：碳排放研究[M].北京：科学出版社,2008.

[40] 魏一鸣,米志付,张皓.气候变化综合评估模型研究新进展[J].系统工程理论实践,2013a,33(8)：1905－1915.

[41] 魏一鸣,米志付,张皓.气候政策建模研究综述：基于文献计量分析[J].地球科学进展,2013b,28(8)：930－938.

[42] 魏一鸣,吴刚,梁巧梅,等.中国能源报告(2012)：能源安全研究[M].北京：科学出版社,2012.

[43] 魏一鸣,袁潇晨,吴刚,等.气候变化风险评估研究现状与热点：基于 Web of Science 的文献计量分析[J].中国科学基金,2014b,5：347－356.

[44] 新华社.中华人民共和国国民经济和社会发展第十二个五年规划纲要[EB/OL].(2011－03－16)[2014－09－01].http：//www.gov.cn/test/2011-03/16/content_1825941.htm.

[45] 新华社.中美气候变化联合声明(全文)[EB/OL].(2014－11－13)[2015－04－30].http：//www.gov.cn/xinwen/2014-11/13/content_2777663.htm.

[46] 徐保风.论"共同但有区别的责任"原则的道德合理性[J].伦理学研究,2012,3：109－115.

[47] 许广月,宋德勇.中国碳排放环境库兹涅茨曲线的实证研究——基于省域面板数据[J].中国工业经济,2010,(5)：37－47.

[48] 杨理堃,李照耀.坎昆气候大会[J].国际资料信息,2011,(2)：36－39.

[49] 岳超,王少鹏,朱江玲,等.2050 年中国碳排放量的情景预测——碳排放与

社会发展Ⅳ[J].北京大学学报：自然科学版,2010,(4)：517-524.

[50] 张建国,罗峻.不同国际组织对全球及中国能源供需和碳排放情景研究分析[J].中国能源,2012,34(5)：21-27.

[51] 赵忠秀,王苒,HINRICH V,等.基于经典环境库兹涅茨模型的中国碳排放拐点预测[J].财贸经济,2013,(10)：81-88.

[52] 郑丽琳,朱启贵.中国碳排放库兹涅茨曲线存在性研究[J].统计研究,2012,(5)：58-65.

[53] 朱永彬,王铮,庞丽,等.基于经济模拟的中国能源消费与碳排放高峰预测[J].地理学报,2009,64(8)：935-944.

[54] ADAMS R M, ROSENZWEIG C, PEART R M, et al. Global climate change and US agriculture [J]. Nature, 1990,345：219-224.

[55] ADOM P K, BEKOE W, AMUAKWA-MENSAH F, et al. Carbon dioxide emissions, economic growth, industrial structure, and technical efficiency：Empirical evidence from Ghana, Senegal, and Morocco on the causal dynamics [J]. Energy, 2012,47(1)：314-325.

[56] AGRAS J, CHAPMAN D. A dynamic approach to the Environmental Kuznets Curve hypothesis [J]. Ecological Economics, 1999,28(2)：267-277.

[57] ALDY J E, BARRETT S, STAVINS R N. Thirteen plus one：a comparison of global climate policy architectures [J]. Climate Policy, 2003,3(4)：373-397.

[58] ALLEY R B, MAROTZKE J, NORDHAUS W D, et al. Abrupt climate change [J]. Science, 2003,299(5615)：2005-2010.

[59] ANDREONI J, LEVINSON A. The simple analytics of the environmental Kuznets curve [J]. Journal of Public Economics, 2001,80(2)：269-286.

[60] ANTIMIANI A, COSTANTINI V, MARTINI C, et al. Assessing

alternative solutions to carbon leakage [J]. Energy Economics，2013，36：299 - 311.

[61] ARNOLD J G，FOHRER N. SWAT2000：Current capabilities and research opportunities in applied watershed modelling [J]. Hydrological Processes，2005,19(3)：563 - 572.

[62] ARROW K J，CLINE W，MALER K，et al. Intertemporal equity，discounting，and economic efficiency [M]. Cambridge，UK：Cambridge University Press，1996.

[63] AUFFHAMMER M，CARSON R T. Forecasting the path of China's CO_2 emissions using province-level information [J]. Journal of Environmental Economics and Management，2008,55(3)：229 - 247.

[64] AZAR C，LINDGREN K，ANDERSSON B A. Global energy scenarios meeting stringent CO_2 constraints-cost-effective fuel choices in the transportation sector [J]. Energy Policy，2003,31(10)：961 - 976.

[65] AZOMAHOU T，LAISNEY F，NGUYEN VAN P. Economic development and CO_2 emissions：A nonparametric panel approach [J]. Journal of Public Economics，2006,90(6 - 7)：1347 - 1363.

[66] BAER P，HARTE J，HAYA B，et al. Equity and greenhouse gas responsibility [J]. Science，2000,289(5488)：2287.

[67] BARKER T，PAN H，KöHLER J，et al. Decarbonizing the global economy with induced technological change：Scenarios to 2100 using E3MG [J]. The Energy Journal，2006,27：143 - 160.

[68] BISDORFF R，LAURENT S. Industrial linear optimization problems solved by constraint logic programming [J]. European Journal of Operational Research，1995,84(1)：82 - 95.

[69] BODEN T A，ANDRES R J，MARLAND G. Global，regional，and

national fossil-fuel CO_2 emissions [DB/OL]. [2015 - 03 - 01]. http: // cdiac. ornl. gov/.

[70] BöHRINGER C, CARBONE J C, RUTHERFORD T F. Unilateral climate policy design: Efficiency and equity implications of alternative instruments to reduce carbon leakage [J]. Energy Economics, 2012,34 (Supplement 2): S208 - S217.

[71] BöHRINGER C, LANGE A. On the design of optimal grandfathering schemes for emission allowances [J]. European Economic Review, 2005,49(8): 2041 - 2055.

[72] BOSELLO F, ROSON R, TOL R S. Economy-wide estimates of the implications of climate change: Sea level rise [J]. Environmental and Resource Economics, 2007,37(3): 549 - 571.

[73] BOSETTI V, CARRARO C, GALEOTTI M. The dynamics of carbon and energy intensity in a model of endogenous technical change [J]. The Energy Journal, 2006,27(Special issue): 191 - 206.

[74] BOSETTI V, FRANKEL J A. Global climate policy architecture and political feasibility: specific formulas and emission targets to attain 460 PPM CO_2 concentrations [R]: National Bureau of Economic Research, 2009.

75] BRANNLUND R, NORDSTROM J. Carbon tax simulations using a household demand model [J]. European Economic Review, 2004,48 (1): 211 - 233.

[76] BROCK W A, TAYLOR M S. The Green Solow model [J]. Journal of Economic Growth, 2010,15(2): 127 - 153.

[77] BUONANNO P, CARRARO C, GALEOTTI M. Endogenous induced technical change and the costs of Kyoto [J]. Resource and Energy

Economics，2003，25(1)：11 - 34.

[78] BURCK J，HERMWILLE L，BALS C. The climate change performance index：Background and methodology [R]. Bonn：Germanwatch，2014a.

[79] BURCK J，MARTEN F，BALS C. The climate change performance index：Results 2014 [R]. Bonn：Germanwatch，2014b.

[80] BURNIAUX J-M，MARTIN J P，NICOLETTI G，et al. GREEN a multi-sector，multi-region general equilibrium model for quantifying the costs of curbing CO_2 emissions：A technical manual [R]. Paris，France：OECD，1992.

[81] BURNIAUX J-M，TRUONG T P. GTAP-E：An energy-environmental version of the GTAP model [R]. West Lafayette，IN：Purdue University，2002.

[82] BURTRAW D，KRUPNICK A，PALMER K，et al. Ancillary benefits of reduced air pollution in the US from moderate greenhouse gas mitigation policies in the electricity sector [J]. Journal of Environmental Economics and Management，2003，45(3)：650 - 673.

[83] CALVIN K，FAWCETT A，JIANG K. Comparing model results to national climate policy goals：Results from the Asia modeling exercise [J]. Energy Economics，2012，34(Supplement 3)：S306 - S315.

[84] CANADELL J G，LE QUéRé C，RAUPACH M R，et al. Contributions to accelerating atmospheric CO_2 growth from economic activity，carbon intensity，and efficiency of natural sinks [J]. Proceedings of the National Academy of Sciences of the United States of America，2007，104(47)：18866 - 18870.

[85] CARBONE J C，HELM C，RUTHERFORD T F. The case for

international emission trade in the absence of cooperative climate policy [J]. Journal of Environmental Economics and Management, 2009, 58 (3): 266 - 280.

[86] CARVALHO A, BURGESS J. Cultural circuits of climate change in UK broadsheet newspapers, 1985 - 2003 [J]. Risk Analysis, 2005, 25 (6): 1457 - 1469.

[87] CASS D. Optimum growth in an aggregative model of capital accumulation [J]. The Review of Economic Studies, 1965, 32(3): 233 - 240.

[88] CAZORLA M, TOMAN M. International equity and climate change policy [R]. Washington, DC: Resources for the Future, 2000.

[89] CHEN W D, HE Q. Intersectoral burden sharing of CO2 mitigation in China in 2020 [J]. Mitigation and Adaptation Strategies for Global Change, 2016, 21(1): 1 - 14.

[90] CLINE W R. The economics of global warming [M]. Washington, DC: Peterson Institute Press, 1992.

[91] COLE M A, RAYNER A J, BATES J M. The environmental Kuznets curve: an empirical analysis [J]. Environment and Development Economics, 1997, 2(4): 401 - 416.

[92] CRAMTON P, KERR S. Tradeable carbon permit auctions: How and why to auction not grandfather [J]. Energy Policy, 2002, 30 (4): 333 - 345.

[93] DASGUPTA P. Discounting climate change [J]. Journal of Risk and Uncertainty, 2008, 37(2 - 3): 141 - 169.

[94] DEMAILLY D, QUIRION P. CO_2 abatement, competitiveness and leakage in the European cement industry under the EU ETS:

Grandfathering versus output-based allocation [J]. Climate Policy, 2006,6(1): 93 - 113.

[95] DOWLATABADI H. Integrated assessment models of climate change: An incomplete overview [J]. Energy Policy, 1995,23(4 - 5): 289 - 296.

[96] DOWLATABADI H. Sensitivity of climate change mitigation estimates to assumptions about technical change [J]. Energy Economics, 1998,20(5): 473 - 493.

[97] DOWLATABADI H. Bumping against a gas ceiling [J]. Climatic Change, 2000,46(3): 391 - 407.

[98] DOWLATABADI H, BALL M, MORGAN M G, et al. An overview of the integrated climate assessment model version 2 (ICAM - 2) [C]. Western Economic Association Conference, 1994.

[99] DOWLATABADI H, MORGAN M G. Integrated assessment of climate change [J]. Science, 1993a, 259(5103): 1813 - 1814.

[100] DOWLATABADI H, MORGAN M G. A model framework for integrated studies of the climate problem [J]. Energy Policy, 1993b, 21(3): 209 - 221.

[101] DUAL CITIZEN. The 2012 global green economy index [R]. Washington: Dual Citizen, 2012.

[102] DUARTE C M. The future of seagrass meadows [J]. Environmental Conservation, 2002,29(2): 192 - 206.

[103] EDENHOFER O, LESSMANN K, BAUER N. Mitigation strategies and costs of climate protection: The effects of ETC in the hybrid model MIND [J]. The Energy Journal, 2006,27: 207 - 222.

[104] ERTUĞRUL İ, KARAKAŞOĞLU N. Performance evaluation of Turkish cement firms with fuzzy analytic hierarchy process and TOPSIS methods [J]. Expert Systems with Applications, 2009,36(1): 702 – 715.

[105] FENG K, DAVIS S J, SUN L, et al. Outsourcing CO_2 within China [J]. Proceedings of the National Academy of Sciences of the United States of America, 2013,110(28): 11654 – 11659.

[106] FISCHER C, FOX A K. Comparing policies to combat emissions leakage: Border carbon adjustments versus rebates [J]. Journal of Environmental Economics and Management, 2012,64(2): 199 – 216.

[107] GALEOTTI M, LANZA A. Desperately seeking environmental Kuznets [J]. Environmental Modelling and Software, 2005,20(11): 1379 – 1388.

[108] GERLAGH R. ITC in a global growth-climate model with CCS: The value of induced technical change for climate stabilization [J]. The Energy Journal, 2006,27: 55 – 72.

[109] GERLAGH R. A climate-change policy induced shift from innovations in carbon-energy production to carbon-energy savings [J]. Energy Economics, 2008,30(2): 425 – 448.

[110] GERMAIN M, VAN STEENBERGHE V. Constraining equitable allocations of tradable CO_2 emission quotas by acceptability [J]. Environmental and Resource Economics, 2003,26(3): 469 – 492.

[111] GILLINGHAM K, NEWELL R G, PIZER W A. Modeling endogenous technological change for climate policy analysis [J]. Energy Economics, 2008,30(6): 2734 – 2753.

[112] GIORGI F, MEARNS L O. Approaches to the simulation of regional

climate change: A review [J]. Reviews of Geophysics, 1991,29(2): 191 - 216.

[113] GOLLIER C. Expected net present value, expected net future value, and the Ramsey rule [J]. Journal of Environmental Economics and Management, 2010,59(2): 142 - 148.

[114] GROSSMAN G M, KRUEGER A B. Environmental impacts of a North American free trade agreement [R]. Cambridge: National Bureau of Economic Research, 1991.

[115] GROSSMAN G M, KRUEGER A B. Economic growth and the environment [J]. Quarterly Journal of Economics, 1995, 110 (2): 353 - 377.

[116] GRUBB M. Technologies, energy systems and the timing of CO_2 emissions abatement: An overview of economic issues [J]. Energy Policy, 1997,25(2): 159 - 172.

[117] GUCINSKI H, LACKEY R T, SPENCE B C. Global climate change: Policy implications for fisheries [J]. Fisheries, 1990,15(6): 33 - 38.

[118] HADUONG M, GRUBB M J, HOURCADE J C. Influence of socioeconomic inertia and uncertainty on optimal CO_2 - emission abatement [J]. Nature, 1997,390(6657): 270 - 273.

[119] HAMMITT J K. Outcome and value uncertainties in global-change policy [J]. Climatic Change, 1995,30(2): 125 - 145.

[120] HAO Y, WEI Y-M. When does the turning point in China's CO_2 emissions occur? Results based on the Green Solow model [J]. Environment and Development Economics, 2015,20(6): 723 - 745.

[121] HARRINGTON W, MORGENSTERN R D, NELSON P. On the accuracy of regulatory cost estimates [J]. Journal of Policy Analysis

and Management, 2000,19(2): 297 - 322.

[122] HARVEY L D. Development of a risk-hedging CO_2-emission policy, part I: Risks of unrestrained emissions [J]. Climatic Change, 1996,34 (1): 1 - 40.

[123] HE J, RICHARD P. Environmental Kuznets curve for CO_2 in Canada [J]. Ecological Economics, 2010,69(5): 1083 - 1093.

[124] HE J, YU Z, ZHANG D. China's strategy for energy development and climate change mitigation [J]. Energy Policy, 2012,51: 7 - 13.

[125] HEAL G, KRISTROM B. Uncertainty and climate change [J]. Environmental and Resource Economics, 2002,22(1 - 2): 3 - 39.

[126] HEDENUS F, AZAR C, LINDGREN K. Induced technological change in a limited foresight optimization model [J]. The Energy Journal, 2006, (Special Issue): 109 - 122.

[127] HOEGH-GULDBERG O. Climate change, coral bleaching and the future of the world's coral reefs [J]. Marine and Freshwater Research, 1999,50(8): 839 - 866.

[128] HOFFERT M I, CALDEIRA K, BENFORD G, et al. Advanced technology paths to global climate stability: Energy for a greenhouse planet [J]. Science, 2002,298(5595): 981 - 987.

[129] HOLLAND A, VAGG X. The global security defense index on climate change: Preliminary results [R]. Washington: American Security Project, 2013.

[130] HOPE C, ANDERSON J, WENMAN P. Policy analysis of the greenhouse effect: An application of the PAGE model [J]. Energy Policy, 1993, 21(3): 327 - 338.

[131] HOWARTH R B, MONAHAN P A. Economics, ethics, and climate

policy: framing the debate [J]. Global and Planetary Change, 1996,11 (4): 187 - 199.

[132] HWANG C L, YOON K. Multiple attribute decision making: methods and applications, a state of the art survey [M]. Berlin, Germany: Springer-Verlag, 1981.

[133] IDSO S B. Shortcomings of CO_2-climate models raise questions about the wisdom of energy policy implications [J]. Applied Energy, 1984, 16(1): 53 - 57.

[134] IEA. CO_2 emissions from fuel combustion highlights 2014 [R]. Paris, France: International Energy Agency (IEA), 2014.

[135] IPCC. Climate change 2001: Impacts, adaptation and vulnerability. Contribution of Working Group II to the Third Assessment Report of the Intergovernmental Panel on Climate Change [M]. Cambridge, UK: Cambridge University Press, 2001a.

[136] IPCC. Climate change 2001: Mitigation. Contribution of Working Group III to the Third Assessment Report of the Intergovernmental Panel on Climate Change [M]. Cambridge, UK: Cambridge University Press, 2001b.

[137] IPCC. Climate change 2001: The scientific basis. Contribution of Working Group I to the Third Assessment Report of the Intergovernmental Panel on Climate Change [M]. Cambridge, UK: Cambridge University Press, 2001c.

[138] IPCC. 2006 IPCC guidelines for national greenhouse gas inventories [EB/OL]. (2007 - 04 - 01) [2014 - 09 - 01]. http://www.ipcc-nggip. iges.or.jp/public/2006gl/index.html.

[139] IPCC. Climate change 2007: Impacts, adaptation and vulnerability.

Contribution of Working Group II to the Fourth Assessment Report of the Intergovernmental Panel on Climate Change [M]. Cambridge, UK: Cambridge University Press, 2007a.

[140] IPCC. Climate change 2007: Mitigation of climate change. Contribution of Working Group III to the Fourth Assessment Report of the Intergovernmental Panel on Climate Change [M]. Cambridge, UK: Cambridge University Press, 2007b.

[141] IPCC. Climate change 2007: The physical science basis. Contribution of Working Groups I to the Fourth Assessment Report of the Intergovernmental Panel on Climate Change [M]. Cambridge, UK: Cambridge University Press, 2007c.

[142] IPCC. IPCC special report on renewable energy sources and climate change mitigation [M]. Cambridge, UK: Cambridge University Press, 2011.

[143] IPCC. Climate change 2013: The physical science basis. Contribution of Working Group I to the Fifth Assessment Report of the Intergovernmental Panel on Climate Change [M]. Cambridge, UK: Cambridge University Press, 2013.

[144] IPCC. Climate change 2014: Impacts, adaptation, and vulnerability. Contribution of Working Group II to the Fifth Assessment Report of the Intergovernmental Panel on Climate Change [M]. Cambridge, UK: Cambridge University Press, 2014a.

[145] IPCC. Climate change 2014: Mitigation of climate change. Contribution of Working Group III to the Fifth Assessment Report of the Intergovernmental Panel on Climate Change [M]. Cambridge, UK: Cambridge University Press, 2014b.

［147］ JACOBY H D，REILLY J M，MCFARLAND J R，et al. Technology and technical change in the MIT EPPA model ［J］. Energy Economics，2006,28(5)：610 - 631.

［148］ JAMIESON D. Ethics and intentional climate change ［J］. Climatic Change，1996,33(3)：323 - 336.

［149］ JIANG K，ZHUANG X，MIAO R，et al. China's role in attaining the global 2℃ target ［J］. Climate Policy，2013,13(sup01)：55 - 69.

［150］ JIN K. Industrial structure and capital flows ［J］. The American Economic Review，2012,102(5)：2111 - 2146.

［151］ JORGENSON D W，GOETTLE R J，HURD B H，et al. US market consequences of global climate change ［R］. Arlington，TX：Pew Center on Global Climate Change，2004.

［152］ KAINUMA M，MATSUOKA Y，MORITA T. Analysis of post-Kyoto scenarios：The AIM model ［J］. The Energy Journal，1999,20(Special Issue)：207 - 220.

［153］ KALKUHL M，BRECHA R J. The carbon rent economics of climate policy ［J］. Energy Economics，2013,39：89 - 99.

［154］ KANN A，WEYANT J P. Approaches for performing uncertainty analysis in large-scale energy/economic policy models ［J］. Environmental Modeling and Assessment，2000,5(1)：29 - 46.

［155］ KATZ R W，BROWN B G. Extreme events in a changing climate：Variability is more important than averages ［J］. Climatic Change，1992,21(3)：289 - 302.

［156］ KAYA Y. Impact of carbon dioxide emission control on GNP growth：interpretation of proposed scenarios ［R］. Paris：IPCC Energy and Industry Subgroup，Response Strategies Working Group，1990.

[157] KEMFERT C, TOL R J. Equity, international trade and climate policy [J]. International Environmental Agreements, 2002,2(1): 23 - 48.

[158] KERR R A. Global change: Research Council says US climate models can't keep up [J]. Science, 1999,283(5403): 766 - 767.

[159] KIM Y, WORRELL E. International comparison of CO_2 emission trends in the iron and steel industry [J]. Energy Policy, 2002,30(10): 827 - 838.

[160] KONIDARI P, MAVRAKIS D. A multi-criteria evaluation method for climate change mitigation policy instruments [J]. Energy Policy, 2007, 35(12): 6235 - 6257.

[161] KUROSAWA A. Carbon concentration target and technological choice [J]. Energy Economics, 2004,26(4): 675 - 684.

[162] KVERNDOKK S. Tradeable CO_2 emission permits: Initial distribution as a justice problem [J]. Environmental Values, 1995,4(2): 129 - 148.

[163] KYPREOS S. Modeling experience curves in MERGE (model for evaluating regional and global effects) [J]. Energy, 2005, 30(14): 2721 - 2737.

[164] LANGE A, VOGT C, ZIEGLER A. On the importance of equity in international climate policy: An empirical analysis [J]. Energy Economics, 2007,29(3): 545 - 562.

[165] LECOCQ F, CRASSOUS R. International climate regime beyond 2012: Are quota allocation rules robust to uncertainty? [R]. Washington, DC: World Bank, 2003.

[166] LENTON T M, HELD H, KRIEGLER E, et al. Tipping elements in the earth's climate system [J]. Proceedings of the National Academy

of Sciences of the United States of America，2008，105（6）：1786 – 1793.

［167］ LEONTIEF W W. Quantitative input and output relations in the economic systems of the United States［J］. The Review of Economic Statistics，1936，18(3)：105 – 125.

［168］ LI H，WEI Y-M，MI Z. China's carbon flow：2008 – 2012［J］. Energy Policy，2015，80：45 – 53.

［169］ LIANG Q-M，FAN Y，WEI Y-M. Carbon taxation policy in China：How to protect energy-and trade-intensive sectors? ［J］. Journal of Policy Modeling，2007，29(2)：311 – 333.

［170］ LIANG Q-M，WEI Y-M. Distributional impacts of taxing carbon in China：Results from the CEEPA model［J］. Applied Energy，2012，92：545 – 551.

［171］ LIAO H，FAN Y，WEI Y-M. What induced China's energy intensity to fluctuate：1997 – 2006? ［J］. Energy Policy，2007，35(9)：4640 – 4649.

［172］ LIASKAS K，MAVROTAS G，MANDARAKA M，et al. Decomposition of industrial CO_2 emissions：The case of European Union［J］. Energy Economics，2000，22(4)：383 – 394.

［173］ LIU Z，GENG Y，LINDNER S，et al. Uncovering China's greenhouse gas emission from regional and sectoral perspectives［J］. Energy，2012，45(1)：1059 – 1068.

［174］ LIU Z，GUAN D，CRAWFORD-BROWN D，et al. Energy policy：A low-carbon road map for China［J］. Nature，2013，500（7461）：143 – 145.

［175］ LOULOU R，LABRIET M，KANUDIA A. Deterministic and

stochastic analysis of alternative climate targets under differentiated cooperation regimes [J]. Energy Economics, 2009,31(Supplement 2): S131 - S143.

[176] MACCRACKEN C N, EDMONDS J A, KIM S H, et al. The economics of the Kyoto Protocol [J]. The Energy Journal, 1999,20 (Special Issue): 25 - 71.

[177] MANNE A, MENDELSOHN R, RICHELS R. MERGE: A model for evaluating regional and global effects of GHG reduction policies [J]. Energy Policy, 1995,23(1): 17 - 34.

[178] MANNE A, RICHELS R. Buying greenhouse insurance: The economic costs of carbon dioxide emission limits [M]. Cambridge, MA: MIT Press, 1992.

[179] MANNE A, RICHELS R. The Greenhouse debate: Economic efficiency, burden sharing and hedging strategies [J]. The Energy Journal, 1995,16(4): 1 - 38.

[180] MCMICHAEL A J, WOODRUFF R E, HALES S. Climate change and human health: present and future risks [J]. The Lancet, 2006,367 (9513): 859 - 869.

[181] MEHOS G J, RAMIREZ W F. Use of optimal control theory to optimize carbon dioxide miscible-flooding enhanced oil recovery [J]. Journal of Petroleum Science and Engineering, 1989,2(4): 247 - 260.

[182] MENDELSOHN R, WILLIAMS L. Comparing forecasts of the global impacts of climate change [J]. Mitigation and Adaptation Strategies for Global Change, 2004,9(4): 315 - 333.

[183] METZ B. International equity in climate change policy [J]. Integrated Assessment, 2000,1(2): 111 - 126.

[184] MI Z-F，PAN S-Y，YU H，et al. Potential impacts of industrial structure on energy consumption and CO_2 emission：a case study of Beijing [J]. Journal of Cleaner Production，2014，103：455 - 462.

[185] MI Z-F，ZHANG Y-J. Estimating the "value at risk" of EUA futures prices based on the extreme value theory [J]. International Journal of Global Energy Issues，2011，35(2/3/4)：145 - 157.

[186] MI Z-F，WEI Y M，HE C Q，et al. Regional efforts to mitigate climate change in China：a multi-criteria assessment approach [J]. Mitigation and Adaptation Strategies for Global Change，2017，22(1)：45 - 66.

[187] MILLER R，BLAIR P. Input-output analysis：Foundations and extensions [M]. Cambridge，UK：Cambridge University Press，2009.

[188] MIZRACH B. Integration of the global carbon markets [J]. Energy Economics，2012，34(1)：335 - 349.

[189] MORGAN M G，KEITH D W. Subjective judgments by climate experts [J]. Environmental Science and Technology，1995，29(10)：468A - 476A.

[190] MOSS R H，BABIKER M，BRINKMAN S，et al. Towards new scenarios for analysis of emissions，climate change，impacts，and response strategies [R]. Geneva：Intergovernmental Panel on Climate Change，2008.

[191] MOSS R H，EDMONDS J A，HIBBARD K A，et al. The next generation of scenarios for climate change research and assessment [J]. Nature，2010，463(7282)：747 - 756.

[192] MURPHY J M，SEXTON D M H，BARNETT D N，et al. Quantification of modelling uncertainties in a large ensemble of climate change

simulations [J]. Nature, 2004,430(7001): 768 - 772.

[193] Næss L O, BANG G, ERIKSEN S, et al. Institutional adaptation to climate change: Flood responses at the municipal level in Norway [J]. Global Environmental Change, 2005,15(2): 125 - 138.

[194] NAKICENOVIC N, GRüBLER A, MCDONALD A. Global energy perspectives [M]. Cambridge, UK: Cambridge University Press, 1998.

[195] NAKICENOVIC N, RIAHI K. Model runs with MESSAGE in the context of the further development of the Kyoto-Protocol [R]. Laxenburg, Austria: International Institute for Applied Systems Analysis, 2003.

[196] NANDURI V, SAAVEDRA-ANTOLíNEZ I. A competitive Markov decision process model for the energy-water-climate change nexus [J]. Applied Energy, 2013,111: 186 - 198.

[197] NEGISHI T. General equilibrium theory and international trade [M]. Amsterdam, Netherlands: North-Holland Publishing Company, 1972.

[198] NORDHAUS W D. To slow or not to slow: The economics of the greenhouse effect [J]. The Economic Journal, 1991, 101 (407): 920 - 937.

[199] NORDHAUS W D. The "DICE" Model: Background and structure of a dynamic integrated climate-economy model of the economics of global warming [R]. New Haven, CT: Yale University, 1992a.

[200] NORDHAUS W D. An optimal transition path for controlling greenhouse gases [J]. Science, 1992b, 258(5086): 1315 - 1319.

[201] NORDHAUS W D. Expert opinion on climatic change [J]. American Scientist, 1994a, 82(1): 45 - 51.

[202] NORDHAUS W D. Managing the global commons: The economics of climate change [M]. Cambridge, MA: MIT Press, 1994b.

[203] NORDHAUS W D. Climate change-Global warming economics [J]. Science, 2001,294(5545): 1283 - 1284.

[204] NORDHAUS W D. Modeling induced innovation in climate-change policy [M]// GRUBLER A, NAKICENOVIC N, NORDHAUS W D. Technological Change and the Environment. Washington, DC: Resources for the Future Press, 2002.

[205] NORDHAUS W D. After Kyoto: Alternative mechanisms to control global warming [J]. The American Economic Review, 2006,96(2): 31 - 34.

[206] NORDHAUS W D. A review of the Stern Review on the economics of climate change [J]. Journal of Economic Literature, 2007, 45 (3): 686 - 702.

[207] NORDHAUS W D. A question of balance: Weighing the options on global warming policies [M]. New Haven, CT: Yale University Press, 2008.

[208] NORDHAUS W D, BOYER J. Warming the world: Economic models of global warming [M]. Cambridge, MA: MIT Press, 2000.

[209] NORDHAUS W D, POPP D. What is the value of scientific knowledge? An application to global warming using the PRICE model [J]. The Energy Journal, 1997,18(1): 1 - 45.

[210] NORDHAUS W D, YANG Z. A regional dynamic general-equilibrium model of alternative climate-change strategies [J]. The American Economic Review, 1996,86(4): 741 - 765.

[211] O'NEILL B C, RIAHI K, KEPPO I. Mitigation implications of

midcentury targets that preserve long-term climate policy options [J]. Proceedings of the National Academy of Sciences of the United States of America, 2010,107(3): 1011 - 1016.

[212] OBERHEITMANN A. A new post-Kyoto climate regime based on per-capita cumulative CO_2-emission rights — rationale, architecture and quantitative assessment of the implication for the CO_2-emissions from China, India and the Annex-I countries by 2050 [J]. Mitigation and Adaptation Strategies for Global Change, 2010,15(2): 137 - 168.

[213] OECD. OECD environmental outlook to 2030 [M]. Paris: OECD Publishing, 2008.

[214] PAN J, CHEN Y. Carbon budget proposal: A framework for an equitable and sustainable international climate regime [J]. Social Sciences in China, 2010,31(1): 5 - 34.

[215] PARMESAN C, YOHE G. A globally coherent fingerprint of climate change impacts across natural systems [J]. Nature, 2003,421(6918): 37 - 42.

[216] PATZ J A, CAMPBELL-LENDRUM D, HOLLOWAY T, et al. Impact of regional climate change on human health [J]. Nature, 2005, 438(7066): 310 - 317.

[217] PEARCE D. The social cost of carbon and its policy implications [J]. Oxford Review of Economic Policy, 2003,19(3): 362 - 384.

[218] PECK S C, TEISBERG T. CO_2 concentration limits, the costs and benefits of control, and the potential for international agreement [J]. Climate Change, 1995,31(1): 19 - 34.

[219] PECK S C, TEISBERG T J. CETA: A model for carbon emissions trajectory assessment [J]. The Energy Journal, 1992,13(1): 55 - 77.

[220] PECK S C, TEISBERG T J. Cost-benefit analysis and climate change [R]. Stanford, CA: Stanford University, 1993a.

[221] PECK S C, TEISBERG T J. Global warming uncertainties and the value of information: An analysis using CETA [J]. Resource and Energy Economics, 1993b, 15(1): 71-97.

[222] PERSSON T A, AZAR C, LINDGREN K. Allocation of CO_2 emission permits: Economic incentives for emission reductions in developing countries [J]. Energy Policy, 2006,34(14): 1889-1899.

[223] PHILIBERT C, PERSHING J. Considering the options: climate targets for all countries [J]. Climate Policy, 2001,1(2): 211-227.

[224] PIZER W A. Choosing price or quantity controls for greenhouse gases [M]// TOMAN M A. Climate Change Economics and Policy: An RFF Anthology. Washington, DC: Resources for the Future Press, 2001.

[225] PIZER W A. Combining price and quantity controls to mitigate global climate change [J]. Journal of Public Economics, 2002, 85 (3): 409-434.

[226] PLAMBECK E L, HOPE C. PAGE95: An updated valuation of the impacts of global warming [J]. Energy Policy, 1996,24(9): 783-793.

[227] POPP D. ENTICE: Endogenous technological change in the DICE model of global warming [J]. Journal of Environmental Economics and Management, 2004,48(1): 742-768.

[228] PRICE L, ZHOU N, FRIDLEY D, et al. Development of a low-carbon indicator system for China [J]. Habitat International, 2013, 37: 4-21.

[229] PWC. Carbon economy index 2013: Busting the carbon budget [R]. London: PricewaterhouseCoopers (PwC), 2013.

[230] QUADRELLI R, PETERSON S. The energy-climate challenge: Recent trends in CO_2 emissions from fuel combustion [J]. Energy Policy, 2007,35(11): 5938 – 5952.

[231] RAFAJ P, SCHöPP W, RUSS P, et al. Co-benefits of post-2012 global climate mitigation policies [J]. Mitigation and Adaptation Strategies for Global Change, 2013,18(6): 801 – 824.

[232] RAMSEY F P. A mathematical theory of saving [J]. The Economic Journal, 1928,38(152): 543 – 559.

[233] RAO S, KEPPO I, RIAHI K. Importance of technological change and spillovers in long-term climate policy [J]. The Energy Journal, 2006, 27: 123 – 139.

[234] RINGIUS L, TORVANGER A, HOLTSMARK B. Can multi-criteria rules fairly distribute climate burdens?: OECD results from three burden sharing rules [J]. Energy Policy, 1998,26(10): 777 – 793.

[235] RINGIUS L, TORVANGER A, UNDERDAL A. Burden sharing and fairness principles in international climate policy [J]. International Environmental Agreements, 2002,2(1): 1 – 22.

[236] ROCA J, ALCáNTARA V. Energy intensity, CO_2 emissions and the environmental Kuznets curve: the Spanish case [J]. Energy Policy, 2001,29(7): 553 – 556.

[237] ROSE A, STEVENS B, EDMONDS J, et al. International equity and differentiation in global warming policy [J]. Environmental and Resource Economics, 1998,12(1): 25 – 51.

[238] ROTMANS J, DE BOOIS H, SWART R J. An integrated model for the assessment of the greenhouse effect: The Dutch approach [J]. Climatic Change, 1990,16(3): 331 – 356.

[239] ROUGHGARDEN T, SCHNEIDER S H. Climate change policy: Quantifying uncertainties for damages and optimal carbon taxes [J]. Energy Policy, 1999,27(7): 415 - 429.

[240] ROUT U K, VOB A, SINGH A, et al. Energy and emissions forecast of China over a long-time horizon [J]. Energy, 2011,36(1): 1 - 11.

[241] SALLIS J F, BAUMAN A, PRATT M. Environmental and policy: Interventions to promote physical activity [J]. American Journal of Preventive Medicine, 1998,15(4): 379 - 397.

[242] SANO F, AKIMOTO K, HOMMA T, et al. Analysis of technological portfolios for CO_2 stabilizations and effects of technological changes [J]. The Energy Journal, 2005, (Special issue): 141 - 161.

[243] SCHIMMELPFENNIG D. Uncertainty in economic models of climate-change impacts [J]. Climatic Change, 1996,33(2): 213 - 234.

[244] SCHMALENSEE R, STOKER T M, JUDSON R A. World carbon dioxide emissions: 1950 - 2050 [J]. Review of Economics and Statistics, 1998,80(1): 15 - 27.

[245] SCHNEIDER S H, THOMPSON S L. Atmospheric CO_2 and climate: importance of the transient response [J]. Journal of Geophysical Research: Oceans, 1981,86(NC4): 3135 - 3147.

[246] SCRIECIU S, REZAI A, MECHLER R. On the economic foundations of green growth discourses: the case of climate change mitigation and macroeconomic dynamics in economic modeling [J]. Wiley Interdisciplinary Reviews: Energy and Environment, 2013, 2 (3): 251 - 268.

[247] SCRIECIU SŞ, BELTON V, CHALABI Z, et al. Advancing methodological thinking and practice for development-compatible

climate policy planning [J]. Mitigation and Adaptation Strategies for Global Change, 2014,19(3): 261 – 288.

[248] SCRIECIU S, CHALABI Z. Climate policy planning and development impact assessment [J]. Mitigation and Adaptation Strategies for Global Change, 2014,19(3): 255 – 260.

[249] SHUKLA P R. Justice, equity and efficiency in climate change: A developing country perspective [M]// TóTH F. Fair Weather: Equity Concerns in Climate Change. London, UK: Earthscan, 1999.

[250] SøRENSEN B. Pathways to climate stabilisation [J]. Energy Policy, 2008,36(9): 3505 – 3509.

[251] STANTON E A, ACKERMAN F, KARTHA S. Inside the integrated assessment models: Four issues in climate economics [J]. Climate and Development, 2009,1(2): 166 – 184.

[252] STERN D I. The rise and fall of the environmental Kuznets curve [J]. World Development, 2004,32(8): 1419 – 1439.

[253] STERN N. The Stern review: The economics of climate change [M]. Cambridge, Uk: Cambridge University Press, 2007.

[254] STERN N. The economics of climate change [J]. The American Economic Review, 2008,98(2): 1 – 37.

[255] STERN N. Ethics, equity and the economics of climate change paper 2: Economics and politics [R]. London, UK: Grantham Research Institute on Climate Change and the Environment, 2013.

[256] STOCKER T F. Climate change: Models change their tune [J]. Nature, 2004,430(7001): 737 – 738.

[257] STOKEY N L. Are there limits to growth? [J]. International Economic Review, 1998,39(1): 1 – 31.

[258] STREIMIKIENE D, BALEZENTIS T. Multi-objective ranking of climate change mitigation policies and measures in Lithuania [J]. Renewable and Sustainable Energy Reviews, 2013,18: 144 - 153.

[259] STREIMIKIENE D, VOLOCHOVIC A, SIMANAVICIENE Z. Comparative assessment of policies targeting energy use efficiency in Lithuania [J]. Renewable and Sustainable Energy Reviews, 2012,16 (6): 3613 - 3620.

[260] SUEYOSHI T, GOTO M. Weak and strong disposability vs. natural and managerial disposability in DEA environmental assessment: Comparison between Japanese electric power industry and manufacturing industries [J]. Energy Economics, 2012, 34 (3): 686 - 699.

[261] SUN J. Changes in energy consumption and energy intensity: a complete decomposition model [J]. Energy Economics, 1998,20(1): 85 - 100.

[262] SWART R, ROBINSON J, COHEN S. Climate change and sustainable development: expanding the options [J]. Climate Policy, 2003, 3: S19 - S40.

[263] TANG Z, NAN Z. The potential of cropland soil carbon sequestration in the Loess Plateau, China [J]. Mitigation and Adaptation Strategies for Global Change, 2013,18(7): 889 - 902.

[264] TAVONI A, LEVIN S. Managing the climate commons at the nexus of ecology, behaviour and economics [J]. Nature Climate Change, 2014, 4(12): 1057 - 1063.

[265] TENG F, JOTZO F. Reaping the economic benefits of decarbonization for China [J]. China and World Economy, 2014,22(5): 37 - 54.

[266] THE WHITE HOUSE. U. S. -China joint announcement on climate change [EB/OL]. (2014 - 11 - 11) [2015 - 04 - 30]. http: //www. whitehouse. gov/the-press-office/2014/11/11/us-china-joint-announcement-climate-change.

[267] TIMMER M P, DIETZENBACHER E, LOS B, et al. An illustrated user guide to the world input-output database: the case of global automotive production [J]. Review of International Economics, 2015, 23(3): 575 - 605.

[268] TOL R S J. A decision-analytic treatise of the enhanced greenhouse effect [D]. Amsterdam, The Netherlands: Vrije Universiteit, 1997a.

[269] TOL R S J. On the optimal control of carbon dioxide emissions: An application of FUND [J]. Environmental Modeling and Assessment, 1997b, 2(3): 151 - 163.

[270] TOL R S J. Welfare specifications and optimal control of climate change: an application of fund [J]. Energy Economics, 2002, 24(4): 367 - 376.

[271] UCHIYAMA Y. Present efforts of saving energy and future energy demand/supply in Japan [J]. Energy Conv. Manag. , 2002, 43(9 - 12): 1123 - 1131.

[272] UNGAR S. Knowledge, ignorance and the popular culture: climate change versus the ozone hole [J]. Public Understanding of Science, 2000, 9(3): 297 - 312.

[273] UNITED NATIONS. United Nations framework convention on climate change [R]. New York: United Nations, 1992.

[274] UNITED NATIONS. World population prospects: the 2012 revision [R]. New York, NY: United Nations, Department of Economic and

Social Affairs, Population Division, 2013.

[275] UNRUH G C. Understanding carbon lock-in [J]. Energy Policy, 2000,28(12): 817 - 830.

[276] VAILLANCOURT K, WAAUB J P. A decision aid tool for equity issues analysis in emission permit allocations [J]. Climate Policy, 2006,5(5): 487 - 501.

[277] VAN'T VELD K, PLANTINGA A. Carbon sequestration or abatement? The effect of rising carbon prices on the optimal portfolio of greenhouse-gas mitigation strategies [J]. Journal of Environmental Economics and Management, 2005,50(1): 59 - 81.

[278] VAN ASSELT M B A, ROTMANS J. Uncertainty in integrated assessment modelling: From positivism to pluralism [J]. Climatic Change, 2002,54(1 - 2): 75 - 105.

[279] VAN SLUISVELD M A E, GERNAAT D E H J, ASHINA S, et al. A multi-model analysis of post-2020 mitigation efforts of five major economies [J]. Climate Change Economics, 2013,4(4): 1 - 24.

[280] VICTOR D. Embed the social sciences in climate policy [J]. Nature, 2015,520: 27 - 29.

[281] WALMSLEY T, AGUIAR A, NARAYANAN B. Introduction to the global trade analysis project and the GTAP data base [R]. West Lafayette: Center for Global Trade Analysis, Purdue University, 2012.

[282] WALTHER G-R, POST E, CONVEY P, et al. Ecological responses to recent climate change [J]. Nature, 2002,416(6879): 389 - 395.

[283] WANG B, PAN S Y, KE R Y, et al. An overview of climate change vulnerability: a bibliometric analysis based on Web of Science database

[J]. Natural Hazards, 2014,74(3): 1649 - 1666.

[284] WANG K, WEI Y-M. China's regional industrial energy efficiency and carbon emissions abatement costs [J]. Applied Energy, 2014,130: 617 - 631.

[285] WANG K, YU S, ZHANG W. China's regional energy and environmental efficiency: A DEA window analysis based dynamic evaluation [J]. Mathematical and Computer Modelling, 2013,58(5 - 6): 1117 - 1127.

[286] WANG T, WATSON J. Scenario analysis of China's emissions pathways in the 21st century for low carbon transition [J]. Energy Policy, 2010,38(7): 3537 - 3546.

[287] WARDEKKER J A, PETERSEN A C, VAN DER SLUIJS J P. Ethics and public perception of climate change: Exploring the Christian voices in the US public debate [J]. Global Environmental Change-Human and Policy Dimensions, 2009,19(4): 512 - 521.

[288] WATSON R T. Climate change: The political situation [J]. Science, 2003,302(5652): 1925 - 1926.

[289] WEI Y-M, MI Z-F, HUANG Z. Climate policy modeling: An online SCI-E and SSCI based literature review [J]. Omega, 2014a, 57: 70 - 84.

[290] WEI Y-M, WANG L, LIAO H, et al. Responsibility accounting in carbon allocation: A global perspective [J]. Applied Energy, 2014b, 130: 122 - 133.

[291] WEI Y-M, ZOU L-L, WANG K, et al. Review of proposals for an agreement on future climate policy: Perspectives from the responsibilities for GHG reduction [J]. Energy Strategy Reviews,

2013,2(2): 161 - 168.

[292] WEI Y, FAN Y, HAN Z, et al. Energy economics: Modeling empirical analysis in China [M]. Boca Raton, FL: CRC Press, 2009.

[293] WEI Y, TSAI H-T, FAN Y, et al. Beijing's coordinated development of population, resources, environment, and economy [J]. The International Journal of Sustainable Development and World Ecology, 2004,11(3): 235 - 246.

[294] WEITZMAN M L. Prices vs. quantities [J]. The Review of Economic Studies, 1974,41(4): 477 - 491.

[295] WEITZMAN M L. On modeling and interpreting the economics of catastrophic climate change [J]. The Review of Economics and Statistics, 2009,91(1): 1 - 19.

[296] WEITZMAN M L. Risk-adjusted gamma discounting [J]. Journal of Environmental Economics and Management, 2010,60(1): 1 - 13.

[297] WEITZMAN M L. Additive damages, fat-tailed climate dynamics, and uncertain discounting [M]// LIBECAP G D, STECKEL R H. The Economics of Climate Change: Adaptations Past and Present. Chicago, IL: University of Chicago Press, 2011.

[298] WICKE L. Beyond Kyoto-A new global climate certificate system [M]. Heidelberg, Germany: Springer, 2004.

[299] WORLD BANK. World Bank open data [DB/OL]. [2015 - 03 - 01]. http://data.worldbank.org/.

[300] YANG Z. Strategic bargaining and cooperation in greenhouse gas mitigations: An integrated assessment modeling approach [M]. Cambridge, MA: MIT Press, 2008.

[301] YANG Z, NORDHAUS W D. Magnitude and direction of

technological transfers for mitigating GHG emissions [J]. Energy Economics，2006，28(5 - 6)：730 - 741.

[302] YANG Z，SIRIANNI P. Balancing contemporary fairness and historical justice：A 'quasi-equitable' proposal for GHG mitigations [J]. Energy Economics，2010，32(5)：1121 - 1130.

[303] YI W-J，ZOU L-L，GUO J，et al. How can China reach its CO_2 intensity reduction targets by 2020? A regional allocation based on equity and development [J]. Energy Policy，2011，39(5)：2407 - 2415.

[304] YU H，PAN S Y，TANG B J，et al. Urban energy consumption and CO_2 emissions in Beijing：current and future [J]. Energy Efficiency，2015，8(3)：527 - 543.

[305] YU S，WEI Y-M，GUO H，et al. Carbon emission coefficient measurement of the coal-to-power energy chain in China [J]. Applied Energy，2014，114：290 - 300.

[306] YUAN J，XU Y，HU Z，et al. Peak energy consumption and CO_2 emissions in China [J]. Energy Policy，2014，68：508 - 523.

[307] ZHANG S，BAUER N，LUDERER G，et al. Role of technologies in energy-related CO_2 mitigation in China within a climate-protection world：a scenarios analysis using REMIND [J]. Applied Energy，2014a，115：445 - 455.

[308] ZHANG Y-J，LIU Z，ZHANG H，et al. The impact of economic growth，industrial structure and urbanization on carbon emission intensity in China [J]. Natural hazards，2014b，73(2)：579 - 595.

[309] ZHAO Q，NIU M. Influence analysis of FDI on China's industrial structure optimization [J]. Procedia Computer Science，2013，17：1015 - 1022.

[310] ZHOU M, CHEN Q, CAI Y. Optimizing the industrial structure of a watershed in association with economic-environmental consideration: An inexact fuzzy multi-objective programming model [J]. Journal of Cleaner Production, 2012,42: 116 – 131.

[311] ZHOU N, FRIDLEY D, KHANNA N Z, et al. China's energy and emissions outlook to 2050: perspectives from bottom-up energy end-use model [J]. Energy Policy, 2013,53: 51 – 62.

[312] ZHOU P, ANG B W, HAN J Y. Total factor carbon emission performance: A Malmquist index analysis [J]. Energy Economics, 2010,32(1): 194 – 201.

[313] ZHOU P, ANG B W, POH K L. A survey of data envelopment analysis in energy and environmental studies [J]. European Journal of Operational Research, 2008,189(1): 1 – 18.

图书在版编目(CIP)数据

气候变化与经济发展：综合评估建模方法及其应用/米志付
著.—上海：上海三联书店，2021.7
（当代经济学创新丛书/夏斌主编）
ISBN 978 - 7 - 5426 - 7336 - 7

Ⅰ.①气⋯　Ⅱ.①米⋯　Ⅲ.①气候变化-影响-经济发展-
研究　Ⅳ.①F061.3

中国版本图书馆 CIP 数据核字(2021)第 029582 号

气候变化与经济发展
综合评估建模方法及其应用

著　　者 / 米志付

责任编辑 / 李　英

装帧设计 / 徐　徐

监　　制 / 姚　军

责任校对 / 王凌霄

出版发行 / 上海三联书店

　　　　（200030）中国上海市漕溪北路 331 号 A 座 6 楼

邮购电话 / 021 - 22895540

印　　刷 / 上海颛辉印刷厂有限公司

版　　次 / 2021 年 7 月第 1 版

印　　次 / 2021 年 7 月第 1 次印刷

开　　本 / 640×960　1/16

字　　数 / 180 千字

印　　张 / 12.5

书　　号 / ISBN 978 - 7 - 5426 - 7336 - 7/F·831

定　　价 / 48.00 元

敬启读者，如发现本书有印装质量问题，请与印刷厂联系 021 - 56152633